Abdourahime Gaye
Karim Konate

Analyse du DoS dans les réseaux mobiles ad hoc (MANETs)

Abdourahime Gaye
Karim Konate

Analyse du DoS dans les réseaux mobiles ad hoc (MANETs)

Les attaques dans les protocoles de routage des MANETs

Éditions universitaires européennes

Mentions légales / Imprint (applicable pour l'Allemagne seulement / only for Germany)
Information bibliographique publiée par la Deutsche Nationalbibliothek: La Deutsche Nationalbibliothek inscrit cette publication à la Deutsche Nationalbibliografie; des données bibliographiques détaillées sont disponibles sur internet à l'adresse http://dnb.d-nb.de.
Toutes marques et noms de produits mentionnés dans ce livre demeurent sous la protection des marques, des marques déposées et des brevets, et sont des marques ou des marques déposées de leurs détenteurs respectifs. L'utilisation des marques, noms de produits, noms communs, noms commerciaux, descriptions de produits, etc, même sans qu'ils soient mentionnés de façon particulière dans ce livre ne signifie en aucune façon que ces noms peuvent être utilisés sans restriction à l'égard de la législation pour la protection des marques et des marques déposées et pourraient donc être utilisés par quiconque.

Photo de la couverture: www.ingimage.com

Editeur: Éditions universitaires européennes est une marque déposée de
Südwestdeutscher Verlag für Hochschulschriften GmbH & Co. KG
Heinrich-Böcking-Str. 6-8, 66121 Sarrebruck, Allemagne
Téléphone +49 681 37 20 271-1, Fax +49 681 37 20 271-0
Email: info@editions-ue.com

Produit en Allemagne:
Schaltungsdienst Lange o.H.G., Berlin
Books on Demand GmbH, Norderstedt
Reha GmbH, Saarbrücken
Amazon Distribution GmbH, Leipzig
ISBN: 978-3-8417-8942-6

Imprint (only for USA, GB)
Bibliographic information published by the Deutsche Nationalbibliothek: The Deutsche Nationalbibliothek lists this publication in the Deutsche Nationalbibliografie; detailed bibliographic data are available in the Internet at http://dnb.d-nb.de.
Any brand names and product names mentioned in this book are subject to trademark, brand or patent protection and are trademarks or registered trademarks of their respective holders. The use of brand names, product names, common names, trade names, product descriptions etc. even without a particular marking in this works is in no way to be construed to mean that such names may be regarded as unrestricted in respect of trademark and brand protection legislation and could thus be used by anyone.

Cover image: www.ingimage.com

Publisher: Éditions universitaires européennes is an imprint of the publishing house
Südwestdeutscher Verlag für Hochschulschriften GmbH & Co. KG
Heinrich-Böcking-Str. 6-8, 66121 Saarbrücken, Germany
Phone +49 681 3720-310, Fax +49 681 3720-3109
Email: info@editions-ue.com

Printed in the U.S.A.
Printed in the U.K. by (see last page)
ISBN: 978-3-8417-8942-6

Dédicaces

Je dédie ce travail à mes parents pour tout l'amour qu'ils me portent et les prières qu'ils ne cessent de formuler à mon endroit.

Je dédie aussi ce travail à mon encadreur M. Karim KONATE pour la confiance qu'il a mise en moi en me donnant ce mémoire et surtout pour sa disponibilité, à M. Abdourahmane RAIMY, M. Mbaye SENE et M. Ibrahima NIANG.

Dédicace à toute la famille plus particulièrement à mon grand frère, à mon oncle Diata GAYE et plus que frère Cheikh MBAYE pour les conseils qu'il ne cesse de me prodiguer.

Dédicace à mon maître de primaire Waly FAYE pour avoir contribué à ma formation ainsi que mon ami Modou NIANG.

Enfin je dédie ce mémoire à tous mes amis de toujours, à ceux-là avec qui je partage mes inquiétudes et mes peines, mes joies et mes espérances.

Remerciements

Je remercie ALLAH, le tout puissant, pour m'avoir accordé la santé mais aussi la volonté sans lesquelles ce travail n'aurait pas abouti.

Ma profonde gratitude va à mon encadreur, M. Karim KONATE pour la confiance qu'il a mise en moi en me donnant ce mémoire et surtout pour sa disponibilité, son suivi et ses critiques constructives.

Je remercie le Président du jury ainsi que ses membres pour avoir relu et évalué mon travail ainsi que pour leurs questions, critiques et suggestions lors de la soutenance.

Un grand merci à l'ensemble du corps professoral de notre département et à toute l'équipe Réseau et Télécom dont je souligne au passage l'esprit de partage des membres, qui en fait une équipe dynamique et sympathique.

Je remercie tous mes confrères du réseau DEA2007 et MASTER2007 pour toute l'aide et l'amitié qu'ils m'ont apportées, ainsi que tous mes amis. Je n'ai pas oublié la longue liste de vos noms que je ne peux mettre ici.

Ces remerciements vont également à ma famille, en particulier à mes parents, merci pour tout l'amour qu'ils me portent et les prières qu'ils ne cessent de formuler à mon endroit.

Enfin, je remercie tous ceux qui, de près ou de loin, m'ont apporté leur soutien pour la réussite de ce travail de mémoire.

Titre : Analyse du DoS dans les réseaux mobiles ad hoc
Résumé

Depuis des décennies les opérateurs de télécommunication et les prestataires de services ont développé tout un ensemble de réseaux filaires exploitant des supports de communication "cuivre" et/ou "fibre" exploités pour la transmission de flux divers (données numériques de calculateurs, sons, vidéo …). De nos jours ils marquent un intérêt de plus en plus fort pour la mise en œuvre de réseaux sans fil, apportant une valeur ajoutée par sa diversification des moyens d'interconnexion.

Le développement continu des réseaux et de la conception des dispositifs sans fil contribue à ce que les réseaux Ad hoc soient une technologie de plus en plus adoptée. Ces réseaux ad hoc sont caractérisés par une absence d'infrastructure préexistante, une administration centralisée et aussi leurs ressources limitées comme la bande passante, leur autonomie d'énergie etc. Cependant la sécurité des informations transitant sur le réseau est limitée étant donné que le média est partagé par tout le monde, y compris les personnes qui n'appartiennent pas au réseau. C'est pourquoi nous nous sommes proposés d'étudier les attaques de type DoS dans les réseaux mobiles ad hoc.

Afin de pouvoir mener notre travail nous avons fait, dans la première partie un état de l'art sur les réseaux mobiles sans fil, dans la deuxième partie un état de l'art sur les réseaux mobiles ad hoc. La troisième partie se concentre sur une analyse des attaques DoS sur les MANETs. Notre travail se termine par une simulation de certaines de ces attaques grâce à notre modèle mathématique que nous avons proposé, au logiciel ns2 et aussi la théorie des jeux et en fin une solution pour contrer certaines de ces attaques comme Blackhole coopérative, Black mail, Overflow, Selfish a été proposée et implémentée sur un compilateur de C qui est Dev-C++.

Title: Analysis of DoS attacks in MANET
Abstract

For decades telecom operators and service providers have developed and implemented a wide range of wired networks for transmitting a variety of flows (digital data, sounds, video …) over "copper" and/or "fiber" media. Nowadays they show an increasing interest for the implementation of wireless networks, which brings some value-added thanks to the diversity of its means of interconnection.

The ongoing development of networks and the design of wireless devices contribute to the fact that Mobile Ad-hoc Networks are a more and more adopted technology. Such networks are characterized by the lack of an existing infrastructure and a centralized administration, and also by their limited resources (bandwidth, autonomous energy supply, etc.). Moreover the information sent over the network is less secure due to the shared media open the everybody, including people who do not belong to the network. The present work is dedicated to study of DoS attacks.

After a short introduction to what MANETs are and network security we present a survey of various DoS attacks in MANETs pertaining to fail routing protocols. We also present the different tools used by these attacks and the mechanisms used by the secured routing protocols to counter them. A new approach is proposed to enhance the routing protocol named CORE, which allows it to resist DoS attacks like Blackhole cooperative, Black mail, overflow, selfish. Our work ends with a simulation of these attacks thanks to the mathematical models that we have designed. The environment used to do the tests includes the ns2 software and some program modules implemented in Dev-C + +. The tests have shown that the new approach allows to counter the listed DoS attacks.

TABLE DES MATIERES

Liste des figures

Liste des tableaux

INTRODUCTION GENERALE

L'évolution récente de la technologie dans le domaine de la communication sans fil et l'apparition des unités de calcul portables (par exemple les laptops, les PDA), poussent aujourd'hui les chercheurs à faire des efforts afin de réaliser l'objectif des réseaux : "**l'accès à l'information n'importe où et n'importe quand**". Dès les années 70, le premier réseau ad hoc a vu le jour [23, 26]. Cependant ces réseaux Ad Hoc ne commencèrent à intéresser de plus en plus les chercheurs du monde entier que vers les années 90. Depuis 1998, un groupe de travail à l'IETF a la charge de standardiser les protocoles de routage basés sur IP pour les réseaux ad hoc. Contrairement aux réseaux basés sur la communication cellulaire, aucune administration centralisée n'est disponible, ce sont les hôtes mobiles qui forment au besoin l'infrastructure du réseau. Aucune supposition ou limitation n'est faite sur la taille du réseau ad hoc, qui peut contenir deux ou des milliers d'unités mobiles.

Le problème qui se pose dans le contexte des réseaux ad hoc est l'adaptation de la méthode d'acheminement utilisée avec le grand nombre d'unités existant dans un environnement caractérisé par de modestes capacités de calcul et de sauvegarde. Cette adaptation des protocoles de routage va engendrer des trous de sécurité. De plus la sécurité est un problème majeur dans les MANETs avec l'utilisation des ondes électromagnétiques.

Notre travail entre dans le cadre de l'analyse du Déni de Service (DoS) dans les réseaux mobiles ad hoc. Les attaques de type DoS sont fréquentes dans cet environnement des MANETs. Elles peuvent paralyser un nœud, une portion ou la totalité du réseau. Elles peuvent porter aussi bien sur le matériel que sur le logiciel.

Notre travail est structuré comme suit : dans la première partie nous faisons une revue sur les réseaux mobiles sans fil et plus particulièrement sur les réseaux mobiles ad hoc et aussi faisons une étude générale sur la sécurité. Dans la deuxième partie nous étudions les attaques de type DoS et dans la troisième partie nous proposons des solutions (algorithmes ou architectures) à certaines de leurs insuffisances en général ou dans un contexte précis.

Partie I :
RESEAUX MOBILES SANS FIL

CHAPITRE 1 : GENERALITES SUR LES RESEAUX MOBILES SANS FIL

Introduction

Dans la seconde moitié des années 90, plusieurs normes pour les réseaux sans fil à portée limitée ont été développées. Leur arrivée a soulevé un engouement nouveau pour les réseaux radio multisauts, qui étaient le domaine exclusif des militaires.

Dans ce chapitre, nous présentons ces différentes normes, en particulier l'architecture, la position dans le modèle OSI et la méthode d'accès de la norme IEEE 802.11 plus particulièrement 802.11a, 802.11b et 802.11g, de Bluetooth (802.15) et d'HiperLAN qui sont désormais utilisées dans la plupart des travaux appliqués de la communauté ad hoc.

I. L'ARCHITECTURE SANS FIL 802.11

Cette technologie est conçue pour les réseaux locaux, en entreprise ou chez les particuliers. Elle permet de relier des équipements de type PC, PC portable ou PDA (Personal Digital Assistant) en utilisant des ondes radio[1]. Les performances atteintes (11 à 54 Mbits/s pour des portées de l'ordre d'une centaine de mètres) permettent d'envisager le remplacement partiel de réseaux filaires de type Ethernet et d'éviter ainsi les contraintes de câblage [32, 33]. La norme 802.11 implémente deux modes de fonctionnement :
- le mode « infrastructure » ou BSS (Basic Service Set) ;
- le mode « ad hoc ».

En mode « infrastructure » les stations de base reliées entre elles par un réseau filaire, assurent la couverture d'une zone et prennent en charge les mobiles dans leur voisinage. Les stations de base (SB) sont munies d'une interface de communication sans fil pour la communication directe avec les stations mobiles localisées dans une zone géographique limitée. Cette zone est appelée cellule et est contrôlée par un point d'accès (AP, Access Point), qui coordonne les transmissions et sert de pont entre le réseau câblé et le WLAN.

Le mode « ad hoc » permet à des stations de communiquer directement entre elles sans utiliser un point d'accès. Pour pouvoir fonctionner sur un réseau étendu, ce mode doit être associé à un protocole de routage permettant à des stations distantes de communiquer par l'intermédiaire d'autres stations faisant office de routeurs.

---

[1] Onde radio (onde radioélectrique) est une onde électromagnétique (déplacement d'électrons dans le vide) dont la fréquence est comprise entre 9 KHz à 3000 GHz.

1. La norme IEEE 802.11 dans le modèle IEEE

Cette norme concerne la couche MAC du modèle IEEE (Institute of Electrical and Electronics Engineers) associée à différentes normes de transmission physique (infrarouge : IR ou radio : FHSS/DSSS) [32, 33]. La figure 1.1 illustre la position de la norme IEEE 802.11 dans le modèle OSI.

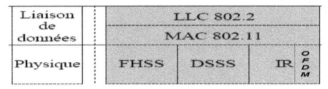

Figure 1. 1 : modèle de couches de la norme IEEE 802.11

a. La couche physique

Le standard définit actuellement une seule couche MAC qui interagit avec 3 couches physiques :

- **FSSH** (Frequency Hopping Spread Spectrum): la plupart des interférences nuisibles aux transmissions radio n'agissent en fait que sur des bandes de fréquences assez étroites. Si par malchance de telles interférences ont lieu où l'on transmet, alors le signal sera fortement brouillé. Cette technique consiste à transmettre sur toute la largeur de la bande avec un saut de fréquence (un changement de canal) toutes les 20 ms suivant une séquence commune d'une BSS. Elle utilise la bande sans licence ISM (Industrie, Science, Médecine) des 2.4 GHz (2.4000- 2.4835 GHz), divisée en 79 canaux de 1 MHz chacun. Cette technique accroît l'immunité au bruit et permet une co-localisation ;

- **DSSS** (Direct Sequence Spread Spectrum) : pour lutter contre les interférences importantes agissant sur des plages de fréquences assez étroites, il existe la technique de l'étalement de spectre. Elle consiste à ne transmettre que sur un seul canal par BSS. La technique de la séquence directe divise la bande des 2.4 GHz en 14 canaux de 20 MHz chacun. Pour compenser le bruit il est utilisé une technique de chipping qui consiste à convertir chaque bit de données en une séquence de 11 bits ;

- **IR** (Infrarouge) : le standard IEEE 802.11 prévoit également une alternative à l'utilisation des ondes radio qui est la lumière infrarouge. La technologie infrarouge a pour caractéristique principale d'utiliser une onde lumineuse pour la transmission de données. Ainsi les transmissions se font de façon unidirectionnelle, soit en "vue directe", soit par réflexion. Le caractère non dissipatif des ondes lumineuses offre un niveau de sécurité plus élevé. Il est possible grâce à la technologie infrarouge d'obtenir des débits allant de 1 à 2 Mbit/s en utilisant une modulation appelée PPM (pulse position modulation) ;

• Une autre technique est aussi intégrée au niveau de cette couche : c'est le **OFDM** (Orthogonal Frequency Division Multiplexing). Les systèmes OFDM [36, 37] subdivisent le canal (ici un canal de 22 MHz) en N sous canaux (appelés également porteuses : 52 sous porteuses dont 48 pour les données et 4 pour la synchronisation) dont les fréquences centrales sont espacées d'un multiple de l'inverse de la période symbole 1/T. Chacune des porteuses peut être considérée comme un émetteur à part entière, c'est donc une parallèlisation des flux.

b. La sous-couche MAC

Elle définit deux modes de fonctionnement sur la coordination des échanges correspondant à deux méthodes d'accès différentes [32, 33] :

• **PCP** (Point Coordination Function): ce mode est basé sur l'interrogation à tour de rôle des terminaux par l'AP (méthode déterministe), dont le but est la gestion de l'accès au canal. C'est le point d'accès qui indiquera à chacun des mobiles qui lui sont rattachés quand ils devront émettre leurs paquets en imposant l'ordre des transmissions ;

• **DCF** (Distributed Coordination Function): ce mode n'est pas fondé sur une gestion centralisée. Les liaisons radio ne sont pas full duplex, la méthode de détection de collision de type CSMA/CD (Carrier Sense Multiple Access with Collision Detection) ne peut être utilisée dans la mesure où la station ne peut pas être à l'écoute pendant son émission. C'est pourquoi un mécanisme d'écoute de porteuse avec évitement de collision et acquittement est donc utilisé dans le DCF. Il s'agit de la méthode d'accès CSMA/CA (Carrier Sense Multiple Access with Collision Avoidance). Un MANET utilise uniquement le DCF. Le mode CSMA/CA est illustré par la figure 1.2.

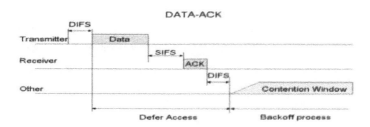

Figure 1. 2 : mode CSMA/CA

Le mode CSMA/CA présente des limites. Par exemple une station peut écouter le canal et à chaque fois qu'il est occupé, elle émet pour provoquer un déni de service par l'envoi d'un **Jam** (rupture de la communication), car les paquets Jam sont prioritaires. Un attaquant peut aussi monopoliser le médium pour une longue période à cause du faible débit qu'il utilise. Il pénalise ainsi les autres nœuds qui ont un débit supérieur, puisque tous les nœuds ont la même probabilité d'accéder au canal.

Par ailleurs, un autre problème spécifique au sans fil est celui du "nœud caché", où deux stations situées de chaque côté d'un point d'accès peuvent entendre toutes les deux une activité du point d'accès, mais pas de l'autre station. Ce problème est généralement lié aux distances ou à la présence d'un obstacle. Pour résoudre ce problème, le standard 802.11 définit sur la couche MAC un mécanisme optionnel de type **RTS/CTS** (Request to Send/Clear to Send) appelé mécanisme de Virtual Carrier Sense (sensation virtuelle de porteuse).

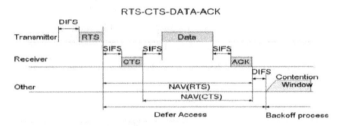

Figure 1. 3 : mode RTS/CTS

Le RTS/CTS présente des inconvénients. Un attaquant peut envoyer un grand nombre de **RTS** ou **CTS** aux autres stations, ces dernières lui réservent le canal et il peut nier la transmission empêchant une station qui voulait émettre d'émettre, provoquant ainsi un déni de service.

La couche LLC (Logical Link Control) normalisée 802.2 permet de relier un WLAN 802.11 à tout autre réseau respectant l'une des normes de la famille 802.x. La norme IEEE 802.11 est en réalité la norme initiale offrant des débits de 1 ou 2 Mbps. Des révisions ont été apportées à la norme originelle afin d'optimiser le débit [28, 29, 30]. Ces normes sont représentées dans le tableau 1.

Tableau 1 : Tableau récapitulatif des normes 802.11

Norme	Fréquence	débit	Portée	Mode d'accès	Technique de transmission
802.11a	5 GHz.	54 Mbit/s en théorie et 30 Mbit/s réels	~25 m à 75m	CSMA/CA RTS/CTS	OFDM un canal de 22 MHz en 52 sous canaux
802.11b	2.4 GHz	11 Mbit/s, 6.5 Mbit/s	~50 m à 300m	CSMA/CA RTS/CTS	DSSS 14 canaux de 20 MHz
802.11g	2.4 GHz	54 Mbit/s en théorie et 30 Mbit/s réels	~25 m à 75m	CSMA/CA RTS/CTS	OFDM. un canal de 22 MHz en 52 sous canaux

II. La norme HiperLAN (High performance LAN)

L'ETSI propose une normalisation des WLAN (Wireless LAN) haut débit appelée HiperLAN. On distingue en général deux grands types d'HiperLAN [28, 30, 32] :

- **HiperLAN 1 :** est un standard de l'ETSI (European Telecommunications Standards Institute). L'architecture est totalement décentralisée, il n y a pas de notion de point d'accès et les nœuds HiperLAN 1 peuvent jouer des rôles de passerelles. Il utilise le mécanisme d'accès au médium **EY-NPMA** (Elimination Yield-Non Preemptive Multiple Access) qui gère les priorités et fonctionne en trois phases [30];

- **HiperLAN 2 :** est basé sur une centralisation poussée. Les points d'accès appelés Access Points (AP) sont reliés entre eux par une infrastructure réseau filaire ou non-filaire. HiperLAN 2 peut fonctionner en mode sans infrastructure fixe. Dans ce cas, un mobile est élu pour jouer le rôle de contrôleur central et les autres vont s'attacher à lui. Les deux normes sont représentées dans le tableau 2.

Tableau 2 : Tableau récapitulatif des normes HiperLAN

Norme	Fréquence	débit	Portée	Mode d'accès	Technique de transmission
HiperLAN1	5.15-5.30 GHz	23.5 Mbit/s	~50 m	EY-NPMA	OFDM un canal de 22 MHz en 52 sous canaux
HiperLAN2	5.15-5.30 GHz	23.5 Mbit/s	~200 m	Maître/ESclave	OFDM un canal de 22 MHz en 52 sous canaux

1. Les couches d'HiperLAN

Au niveau des couches, HiperLAN se décompose ainsi :

- la couche CAC (Channel Access Control) prend en charge la partie technique de l'accès au support, selon qu'il soit libre ou non. C'est elle qui définit le niveau de priorité lors de la transmission des paquets ;

- la couche MAC (Medium Access Control) : c'est elle qui prend en charge la partie logique c'est-à-dire la mise en forme de la trame, le routage interne, la gestion de priorité, l'insertion et le retrait des stations ;

- la couche physique HiperLAN utilise les mêmes techniques de transmission que la couche physique de la norme 802.11 a.

La figure 1.4 montre les couches d'HiperLAN.

Figure 1. 4 : les couches d'HiperLAN

2. Méthodes d'accès d'HiperLAN

L'HiperLAN utilise la méthode d'accès au médium **EY-NPMA** (Elimination Yield-Non Preemptive Multiple Access). C'est lui qui permet en particulier de contrôler la gestion des priorités. Le fonctionnement de **EY-NPMA** est particulièrement intéressant puisqu'il est prévu pour fonctionner dans un contexte ad hoc. Il fonctionne en trois phases [30] :

- **la phase de priorité** : Cinq niveaux de priorité sont définis par la norme (de 0 pour le plus prioritaire à 4) et la phase de priorité est donc divisée en cinq slots. Au début d'un nouveau cycle de transmission, tous les nœuds qui veulent accéder au canal vont envoyer un burst de signalement (signal de demande d'accès au canal), dont la date de début dépend de la priorité du paquet. Plus la priorité est élevée, plus le burst commence tôt ;

- **La phase d'élimination :** Il se peut que plusieurs nœuds veuillent émettre en même temps des paquets de priorités identiques, donc il faut les départager. Pour cela, chaque nœud va poursuivre l'envoi de son burst de signalement pendant un nombre aléatoire de slots. Ce sera celui qui aura tiré le plus grand nombre qui l'emportera. Dès que l'émission de notre burst est terminée, nous écoutons le canal. Si nous y détectons de l'activité, c'est qu'un autre nœud a tiré un plus grand nombre que nous et nous abandonnons pour ce cycle ;

- **La phase d'écoute :** Si toutefois il reste plusieurs nœuds en lice alors l'élimination va se terminer dans la troisième phase. Un nombre aléatoire de slots est choisi. C'est celui qui a tiré le plus petit qui pourra transmettre. Chaque nœud attend la durée qu'il a déterminé, en écoutant le canal. S'il détecte de l'activité alors qu'il n'a pas fini d'attendre, il sait que quelqu'un a tiré un plus petit nombre que lui et il n'émettra pas durant ce cycle. Si son attente se termine alors que le canal est toujours libre, alors il émet. Il faut noter que si le paquet est envoyé en point à point, il sera acquitté par son récepteur.

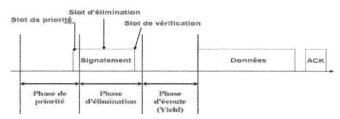

Figure 1. 5 : Procédure de EY-NPMA

Le mode EY-NPMA présente des insuffisances. Un attaquant peut créer un déni de service en envoyant un grand nombre de bust de signalement lors de la demande de priorité. Il peut aussi empêcher les nœuds légitimes d'accéder au canal car s'ils y détectent de l'activité, c'est qu'un autre nœud a tiré un plus grand nombre qu'eux et ils abandonnent pour ce cycle, l'attaquant peut le faire indéfiniment créant ainsi des boucles.

III. L'Architecture sans fil 802.15 (Bluetooth)

C'est le suédois Ericsson qui en 1994 est l'initiateur de Bluetooth (BT). Par la suite BT est devenue la norme **IEEE 802.15** après la création d'un consortium : le Bluetooth **S**pecial **I**nterest **G**roup (**SIG**) formé en mai 1998 à l'initiative de plusieurs gros constructeurs dont Nokia, Intel, IBM, Toshiba et Ericsson. Le Bluetooth est une liaison radio faible portée (10 mètres) et qui opère dans la bande **ISM** (réservée aux applications **I**ndustrielles, **S**cientifiques et **M**édicales) de 2.4 GHz et qui offre un débit d'environ 1 Mbits/s. Cette technologie est destinée à relier par onde radio des équipements légers de type téléphone portable, PDA, lecteurs audio, appareils domestiques, ou encore PC portables. La bande ISM est mondiale donc Bluetooth est internationalement interopérable [27, 28, 29, 30].

1. Les couches de la norme IEEE 802.15

La norme IEEE 802.15 concerne la couche MAC du modèle IEEE associée à une transmission physique par ondes radio [32, 33] :

- **la couche physique** : comme pour Wifi, les transmissions utilisent la bande sans licence ISM des 2.4 GHz. Celle-ci est divisée en 79 canaux de 1 MHz chacun avec la même technique de saut de fréquence FSSS ;

- **La sous-couche MAC** : contrairement aux méthodes d'accès type CSMA des normes 802.3 et 802.11, la méthode est déterministe et les échanges sont réglés par la station maîtresse du piconet qui alloue au esclave demandeur un temps de parole. Lors de la transmission, le temps est découpé en tranches ou slot time. Chaque slot correspond à une durée de 625 µs.

Conclusion

Cette partie a permis de sortir de nombreuses technologies sans fil standardisées et de les caractériser. Les caractéristiques de ces technologies permettent de nombreuses variations de topologies, de débits, et autorisent une connectivité de plus en plus importante. Cependant, cette diversité entraîne par elle même de nombreux trous de sécurité pour l'intégrateur de solutions. Chacune d'elles représente un compromis entre différents facteurs tels que la portée, le débit, les contraintes temporelles, le mode fonctionnement...

Partie II :
LES RESEAUX MOBILES AD HOC

CHAPITRE 2 : GENERALITES SUR LES RESEAUX MOBILES AD HOC

I. Définition des réseaux mobiles ad hoc

Un réseau **Ad Hoc** est généralement appelé **MANET** (Mobile **Ad** hoc **NET**work). Ce nom a été attribué à un groupe de travail à l'**IETF** ((Internet Engineering Task Force). Les membres de ce groupe soumettent régulièrement des propositions de protocoles de routage adaptés aux réseaux mobiles Ad hoc [24, 25].

Un réseau **Ad Hoc** consiste en un regroupement d'une grande population d'unités de calcul portables (laptops, PDA…) se déplaçant dans un territoire quelconque, avec leur interface sans fil pour seul moyen de communication. Le tout ne repose sur aucune infrastructure préexistante ou administration centralisée. L'architecture d'un réseau ad hoc est représentée par la figure 2.1.

Figure 2. 1 : Architecture d'un réseau mobile ad hoc

II. Caractéristiques des réseaux mobiles ad hoc

Les réseaux mobiles ad hoc sont caractérisés dans la plupart du temps par les éléments suivants :

- **Une topologie dynamique :** les nœuds du réseau se déplacent de façon libre et arbitraire. Par conséquent, la topologie du réseau peut changer rapidement, de façon aléatoire et non prédictible;

- **Absence d'infrastructure** : les réseaux ad hoc se distinguent des autres réseaux mobiles par la propriété d'absence d'infrastructure préexistante et de toute administration centralisée. Les hôtes mobiles sont responsables d'établir et de maintenir la connectivité du réseau de manière continue;

- **Une bande passante limitée** : l'utilisation d'un médium de communication partagé par les utilisateurs fait que la bande passante soit modeste puisque les nœuds cachés qui ne sont pas autorisés d'émettre peuvent émettre;

- **Des contraintes d'énergie** : les hôtes mobiles sont alimentés par des sources d'énergie autonomes comme les batteries. Les hôtes, pour transmettre des informations, utilisent leurs voisins pour échanger les données. Que l'on soit actif ou passif, l'hôte reçoit des informations qu'il retransmet consommant ainsi de l'énergie. Le paramètre d'énergie doit être pris en considération dans tout contrôle fait par le système;

- **L'hétérogénéité des nœuds** : un nœud mobile peut être équipé d'une ou plusieurs interfaces radio ayant des capacités de transmission variées et opérant dans des plages de fréquences différentes. Cette hétérogénéité de capacité peut engendrer des liens asymétriques dans le réseau. De plus, les nœuds peuvent avoir des différences en termes de capacité de traitement (CPU, mémoire), de logiciel et de mobilité (lente, rapide). Dans ce cas, une adaptation dynamique des protocoles s'avère nécessaire pour supporter de telles situations;

- **L'auto configuration** : permet aux nœuds de s'intégrer facilement dans un réseau. Elle facilite la gestion du réseau car l'interconnexion des éléments ne nécessite qu'un minimum d'intervention technique externe. Cette fonctionnalité est de plus en plus nécessaire pour un déploiement à grande échelle des réseaux sans fil ad hoc;

- **Une sécurité physique limitée** : les réseaux sans fil sont plus touchés par le paramètre de sécurité, que les réseaux filaires classiques. Cela se justifie par les contraintes et limitations physiques c'est-à-dire la propagation des ondes dans l'espace qui fait que la sécurité des données transférées doit être assurée. Dans les MANETs, le problème réside dans le fait que tous les nœuds sont équivalents et potentiellement nécessaires au bon fonctionnement du réseau. Les possibilités de s'insérer dans le réseau sont plus grandes, la détection d'une intrusion ou d'un déni de service plus délicate et l'absence de centralisation pose un problème de remontée de l'information de détection d'une intrusion. La sécurité des informations transitant sur le réseau est limitée étant donné que le média est partagé par tout le monde, y compris les personnes qui n'appartiennent pas au réseau. En effet, rien n'empêche des personnes malintentionnées d'écouter ce qui se passe sur le média, c'est-à-dire les ondes électromagnétiques.

III. Domaines d'application des réseaux mobiles ad hoc

La particularité d'un réseau Ad hoc est qu'il n'a besoin d'aucune installation fixe. Ceci lui permet d'être rapide et facile à déployer. Les applications ayant recours aux réseaux ad hoc couvrent un très large spectre :

- Les applications tactiques comme les opérations de secours (incendies, tremblements de terre, inondations...) ;
- Militaires, pour la mise en place de tactiques adaptées au mouvement des troupes ;
- Systèmes de surveillance, dans des milieux dangereux, comme les volcans, ou plus sensibles, pour des forêts par exemple pour renseigner la température ambiante ;
- Dans le monde des transports routiers pour assurer un meilleur confort de la conduite.

IV. Technologies utilisées dans les réseaux mobiles ad hoc

Différents types d'équipement existent pour la mise en place d'un réseau sans fil. Actuellement les standards IEEE 802.11, Bluetooth et HiperLAN sont principalement utilisés dans les réseaux ad hoc pour le support des communications sans fil.

V. Routage dans les réseaux mobiles ad hoc

1. Définition du routage

Le routage est une méthode d'acheminement des informations à la bonne destination à travers un réseau de connexion donné. Le problème consiste à trouver l'investissement de moindre coût en capacités nominales et de réserves qui assure le routage du trafic nominal et garantit sa fiabilité en cas de n'importe quelle panne d'arc ou de nœud.

Les protocoles de routage utilisent deux principales méthodes : **état de lien** qui cherche à maintenir dans chaque nœud une carte plus ou moins complète du réseau et à **vecteur de distance** qui ne conserve que la liste des nœuds du réseau et l'identité du voisin par lequel passer pour atteindre la destination par le chemin le plus court.

---

2. Les types de protocoles de routage dans les réseaux mobiles ad hoc

Dans les travaux menés à l'IETF, plusieurs familles de protocoles se sont rapidement dégagées et qui se basent sur l'utilisation des méthodes citées précédemment. Chaque protocole peut ainsi être classifié en tant que réactif, proactif, ou hybride [24, 25, 26].

- **Les protocoles réactifs :** le principe est de ne rien faire tant qu'une application ne demande pas explicitement d'envoyer un paquet vers un nœud distant. Cela permet d'économiser de la bande passante et de l'énergie. Lorsqu'un paquet doit être envoyé, le protocole de routage va rechercher un chemin jusqu'à la destination. L'avantage majeur de cette méthode est qu'elle ne génère du trafic de contrôle que lorsqu'il est nécessaire.

Les principales contreparties sont que l'inondation est un mécanisme coûteux qui va faire intervenir tous les nœuds du réseau en très peu de temps et qu'il va y avoir un délai à l'établissement des routes. **AODV** (**A**d hoc **O**n **D**emand **D**istance **V**ector) est un exemple d'algorithme de routage à la demande, et qui utilise le principe des numéros de séquence afin de maintenir la consistance des informations de routage. Le protocole "Routage à Source Dynamique" (DSR : Dynamic Source Routing), est basé sur l'utilisation de la technique "routage source". Dans cette technique, la source des données détermine la séquence complète des nœuds à travers lesquels, les paquets de données seront envoyés ;

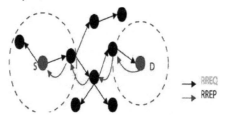

→ RREQ
→ RREP

Figure 2. 2 : principe du routage par la source

- **Les protocoles proactifs :** le principe de base est de maintenir à jour les tables de routage, de sorte que lorsqu'un nœud désire envoyer un paquet à un autre nœud, une route soit immédiatement connue. Dans le contexte des réseaux ad hoc les nœuds peuvent apparaître ou disparaître de manière aléatoire et la topologie même du réseau peut changer. Cela signifie qu'il va falloir un échange continuel d'informations pour que chaque nœud ait une image à jour du réseau. L'avantage premier de ce type de protocole est d'avoir les routes immédiatement disponibles quand les applications en ont besoin, mais cela se fait au coût d'échanges réguliers de messages (consommation de bande passante) qui ne sont certainement pas tous nécessaires (seules certaines routes seront utilisées par les applications en général). **OLSR** (Optimized Link State Protocol) est un exemple de protocole pour le routage proactif. Principalement deux types de messages sont introduits : "Hello" et "TC"(Topology Control) ;

- **Les protocoles hybrides :** combinent les approches réactive et proactive. Le principe est de connaître notre voisinage de manière proactive jusqu'à une certaine distance (par exemple trois ou quatre sauts), et si jamais un nœud cherche à envoyer quelque chose à un nœud qui n'est pas dans cette zone, d'effectuer une recherche réactive à l'extérieur. Selon le type de trafic et les routes demandées, ce type de protocole hybride peut cependant combiner les désavantages des deux méthodes : échange de paquets de contrôle réguliers et inondation de l'ensemble du réseau pour chercher une route vers un nœud éloigné.

En guise d'exemple pour ce type de protocole nous pouvons citer le protocole ZRP. Le protocole **ZRP** (ou **Z**one **R**outing **P**rotocol) tente de réunir les avantages de chacune des approches. Pour cela, il utilise un découpage du réseau. La zone proche (ou IARP) se base sur l'approche proactive et la zone éloignée (ou IERP) utilise plutôt un protocole réactif. IARP (ou IntrAzone Routing Protocol) reposant sur un protocole à état de lien permet la construction au niveau de chaque nœud interne à la zone des routes optimales vers les voisins proches. IERP (ou IntErzone Routing Protocol) se charge de rechercher les routes, à la demande, situées dans la zone externe. Comme dans tout protocole réactif cette recherche se fait par inondation.

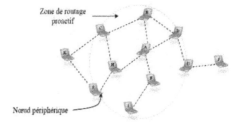

Figure 2. 3 : la zone de routage A à deux sauts

CHAPITRE 3 : INTRODUCTION A LA SECURITE DES RESEAUX MOBILES AD HOC

Introduction

La sécurité est un domaine qui concerne la protection des biens mais aussi de l'information. La sécurité réseau repose sur l'utilisation des moyens pour protéger les données lors de leur transmission [24, 31]. Cependant les MANETs sont des réseaux sans fil, mobiles, sans infrastructure préexistante, et chaque nœud est autonome et participe activement au routage. De par leurs caractéristiques, les réseaux ad hoc sont soumis à de nombreux problèmes de sécurité et sont souvent victimes d'attaques. C'est pourquoi nous devons disposer de services et de mécanismes pour assurer la sécurité de ce type de réseau.

1. Les attaques

Une attaque est une action qui vise à compromettre la sécurité du réseau. Elles peuvent être actives ou passives.

- **Les attaques passives :** elles ne visent pas à compromettre les données elles-mêmes ou un service mais à dévoiler son contenu par exemple écouter le trafic, intercepter une donnée ;

- **Les attaques actives :** elles entraînent une modification ou une création de données dans le flux. Les MANETs puisent un grand nombre de leurs avantages dans la confiance qu'ils accordent à leurs nœuds mobiles. En effet, ces derniers sont à la fois les clients et routeurs du réseau. Il en découle une faille potentielle dans la confidentialité comme dans l'authenticité des données transmises, puisqu'un nœud malicieux peut tout à fait tenter une **mascarade** (usurpation d'adresse), une **modification** de messages, un **rejeu** (retransmission des données capturées), qui pourront engendrer un **déni de service** (empêcher un ou plusieurs services de fonctionner normalement). Pour diminuer ou empêcher ces attaques des mécanismes et des services devront être assurés.

2. Services et mécanismes

Les services de sécurité sont des moyens pour prévenir ou détecter les attaques et ainsi de renforcer la sécurité. Ces services sont assurés par des mécanismes. Les services de sécurité sont :

- **L'authentification :** c'est l'assurance que l'entité communicante est bien celle qu'elle prétend être. S'il existe de nombreuses solutions d'authentification par serveur pour les réseaux à topologie statique (LDAP...), l'absence de structure prédéfinie d'un réseau Ad Hoc, empêche son application. En effet, la disponibilité d'un serveur dans un réseau Ad Hoc ne peut en aucun cas être garantie et pourrait entraîner une inaccessibilité aux services. Afin de permettre l'authentification des communications entre clients, il est nécessaire de passer par des systèmes de clefs pour le cryptage en utilisant le principe de confiance ;

- **La confidentialité :** c'est la protection d'un dévoilement d'un contenu non autorisé. La confidentialité des données dans les réseaux mobiles est soumise aux mêmes problématiques que sur un réseau filaire. La conséquence est que les solutions sont logiquement identiques : l'utilisation d'algorithmes permettant le **chiffrement** par clefs symétriques ou asymétriques. Les clés WEP (Wire Equivalent Privacy) sont très répandues pour assurer la confidentialité des échanges. Il s'agit d'une clé privée partagée par tous les utilisateurs du réseau, d'une taille de 64 ou 128 bits ;

- **L'intégrité :** c'est l'assurance que les données reçues ne sont pas corrompues (modifiées, pas d'erreur). L'intégrité des données peut être vérifiée dans un réseau Ad Hoc comme dans un réseau filaire classique grâce aux fonctions de hachage. En effet, ce type de fonction permet d'obtenir une empreinte (**signature**) de taille fixe à partir d'un message de taille variable ;

- **La non répudiation :** elle assure qu'un participant ne peut pas nier d'avoir pris part à la communication. Dans les MANETs, l'absence de structure prédéfinie empêche l'utilisation de serveurs dédiés, donc il faut penser à la signature numérique et à la confiance. Chaque nœud possède une liste de nœuds de « confiance », pour lesquels il établit des certificats. Lorsque deux nœuds s'estimant dignes de confiance s'autorisent à communiquer, ils se transmettent l'ensemble de leurs contacts. Ainsi une chaîne de confiance est mise en place. Pour sécuriser le routage dans un réseau traditionnel, il est suffisant de protéger et d'authentifier les routeurs dédiés, mais pour assurer la sécurité du routage dans un MANET, chacun des nœuds doit non seulement prendre la responsabilité de ses propres comportements mais aussi vérifier les comportements des autres nœuds ;

- **La disponibilité :** elle assure que les services réseau sont disponibles quand plusieurs entités (utilisateurs, applications) en auront besoin. Elle est assurée par des mécanismes non orientés cryptage comme l'utilisation des firewalls pour le filtrage des paquets, et des systèmes de détection d'intrusion.

Conclusion

Cette partie nous a permis de connaître les spécificités des réseaux mobiles ad hoc, les différents types de protocoles de routage qu'ils utilisent et aussi les notions de sécurité comme les attaques, les services et les mécanismes.

Cependant il se pose un problème de sécurité au niveau du routage dans les réseaux mobiles, où il est difficile de localiser la destination à un instant donné. La difficulté augmente dans le cas où tous les sites peuvent se déplacer de façon aléatoire, ce qui est le cas pour les réseaux mobiles ad hoc.

Partie III :
ATTAQUES DE TYPE DoS DANS
LES RESEAUX MOBILES AD HOC

CHAPITRE 4 : ETUDE DES ATTAQUES DE TYPES DoS DANS LES MANETs

Introduction

D'une manière générale, nous parlons de déni de service quand une personne ou une organisation est privée d'un service utilisant des ressources qu'elle est en droit d'avoir en temps normal. Nous trouvons par exemple des dénis de service touchant le service de courrier électronique, d'accès à Internet, de ressources partagées (pages Web), ou tout autre service à caractère commercial comme Yahoo.

Dans ce chapitre nous présentons les attaques de type Déni de service dans les MANETs et les différentes solutions proposées pour contrer ces attaques afin de pouvoir apporter une proposition à certaines de leur insuffisance.

Une « attaque par déni de service » (en anglais « Denial of Service », abrégé en **DoS**) est un type d'attaque visant à rendre inaccessible pendant un temps indéterminé les services ou ressources d'une organisation, d'un système ou d'un réseau [38]. Nous distinguons habituellement deux types de dénis de service :

- Les dénis de service par saturation, consistant à submerger une machine de requêtes, afin qu'elle ne soit plus capable de répondre aux requêtes réelles ;
- Les dénis de service par exploitation de vulnérabilités, consistant à exploiter une faille du système distant afin de le rendre inutilisable.

Les réseaux ad hoc sont des réseaux sans fil, mobile, il n'y a pas d'infrastructure fixe dédiée, donc les nœuds doivent coopérer pour l'expédition des messages. Ceci rend le routage vulnérable aux attaques qui peuvent conduire à un déni de services, car n'importe lequel des nœuds peut mal se conduire et faire effondrer le routage. Du fait de la mobilité il est souvent très difficile de déceler et d'isoler le nœud malicieux.

I. Dénis de service par exploitation de vulnérabilités

Un nœud malveillant pourrait annoncer une métrique (saut) zéro ou annoncer des liens inexistants pour tous nœuds destinataires, ceci ferait que tous les autres nœuds expédient des paquets pour tous ces destinataires en passant par le nœud attaquant. Ce dernier pourra ensuite laisser tomber les paquets, perturbant ainsi le routage dans le réseau. Ces types d'attaques s'appellent attaques par nœud caché.

1. Blackhole attack (attaque par trou noir)

Une attaque plus passive est de laisser tomber certains messages de routage que le nœud reçoit. La chute des paquets pourrait être faite de manière que les soupçons au sujet d'un nœud attaquant ne sont pas augmentés [02, 16, 17, 20, 22]. Elle s'est déclinée en plusieurs variantes plus ou moins proches, ayant des objectifs différents, parmi lesquelles nous pouvons citer :

> **routing loup (boucle de routage)**, qui permet à un nœud de créer des boucles dans le réseau ;

> **gray hole (trou gris)**, qui ne laisse passer que les paquets de routage et détourne les données ;

> **Black mail (courrier noir)**, qui permet à un nœud attaquant d'isoler un autre nœud avec l'envoi de faux messages comme Route Error (Route Erreur).

Par exemple ces attaques précitées peuvent être mises en œuvre dans le cas des protocoles de routage réactif c'est-à-dire routage à la demande (AODV, DSR), un nœud diffuse un paquet de découverte de route « route Request ». Si l'opération réussit, il reçoit un paquet de réponse de route « route Replay » qui liste l'ensemble des nœuds à travers lesquels le destinataire peut être atteint. Puisque dans le routage nous cherchons à trouver le chemin optimal, celui annoncé par le nœud malicieux est supposé le plus optimal du point de vue métrique (nombre de sauts). Ainsi la source enregistre cette route qui contient l'attaquant et supprime tous les autres chemins provenant des nœuds légitimes.

Lors de la maintenance des routes, ce nœud malicieux pourra envoyer un message d'erreur « route Error » annonçant la détection d'un problème fatal au niveau d'un nœud légitime et ce nœud sera supprimé du chemin (mis dans la liste noire). Tous les nœuds qui contiennent ce nœud seront tronqués à ce point là, et nous lançons une nouvelle opération de découverte de route vers le destinataire, et ainsi de suite. Ceci pourrait engendrer des boucles dans le réseau et des déconnexions temporaires si les messages de contrôle de topologie « TCs » ne sont pas relayés dans le cas du protocole proactif OLSR. La figure 4.1 illustre une attaque Blackhole.

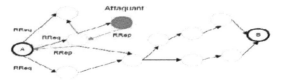

Figure 4. 1: Attaque par trou noir

Plusieurs solutions existent pour contrer ces types d'attaques, parmi lesquelles nous pouvons citer le **Watchdog** ou surveillance (chien de garde), le **Pathrater** ou évaluateur de parcours, la **DRI** ou la table de données d'information de routage et le **Cross checking** :

Watchdog (chien de garde ou l'observateur) permet d'identifier les nœuds malicieux. Quand un nœud expédie un paquet, le Watchdog vérifie si le voisin sur le chemin expédie également le paquet. Ceci est fait en écoutant les transmissions de tous les voisins. Le Watchdog assigne alors des valeurs positives à un nœud qui expédie des paquets avec succès et une valeur négative après qu'un niveau seuil de mauvais comportement ait été observé. L'observateur d'un nœud maintient des copies des paquets récemment expédiés et les compare aux paquets en transmission chargés par les nœuds voisins. Les comparaisons de résultats positifs ont comme conséquence la suppression de paquets stockés. Si un nœud suppose que l'expédition du paquet a échoué et aucune réaction n'est faite au cours d'une certaine période de temps d'expiration, l'observateur d'un nœud incrémente le taux d'échec pour le nœud spécifique. Ceci signifie pertinemment que chaque nœud dans le réseau ad hoc maintient un taux évaluant la fiabilité de chaque autre nœud auquel il peut transmettre ses paquets c'est-à-dire des nœuds voisins. Un nœud est considéré comme malicieux quand le taux d'échec excède un certain seuil prédéfini. Le nœud source de la route qui contient le nœud malicieux est avisé par un envoi de message venant de la part de l'observateur identifié. Ce mécanisme est implémenté dans **SWAN (Secure Watchdog for mobile Ad hoc Network)** [23]. Dans SWAN, chacun des nœuds doit posséder une adresse temporaire basée sur une chaîne de hachage. Ceci permet de garantir l'authentification des messages de contrôle et des données auprès des nœuds observants (dans le mécanisme du Watchdog). La figure 4.2 décrit le mécanisme du Watchdog.

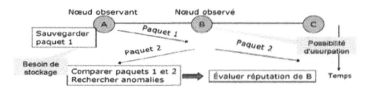

Figure 4. 2 : Mécanisme du Watchdog

Pathrater (évaluateur de parcours) permet au protocole d'éviter les nœuds corrompus inscris dans une liste noire. **Pathrater** emploie cette connaissance des nœuds se conduisant mal pour choisir le chemin d'accès dans le réseau qui est le plus susceptible de livrer des paquets. La décision est prise en faisant la moyenne des estimations de fiabilité obtenues par le Watchdog à partir des valeurs assignées sur les expéditions des paquets des nœuds qui participent à l'élaboration de la route. La métrique de cette route permet au Pathrater de comparer la fiabilité des routes disponibles. Le Pathrater choisit la route avec la plus haute métrique quand il y a des routes multiples pour le même nœud destinataire.

L'algorithme suivi par le mécanisme de Pathrater est le suivant : le Pathrater assigne initialement un taux de 1.0 à lui-même et de 0.5 à chaque nœud qu'il connaît par la fonction de découverte de route. Les nœuds qui participent sur les routes actives ont leurs taux de fiabilité augmentés de 0.01 à intervalles périodiques de 200 millisecondes jusqu'à un taux maximal de 0.8. Un taux est décrémenté de 0.05 quand une rupture de lien est détectée pendant le processus d'expédition de paquets jusqu'à un minimum de 0.0. Un taux de -100 est assigné par l'observateur aux nœuds qui ont été identifiés comme nœuds qui se conduisent mal. Quand le Pathrater calcule une valeur de la route comme négative, celle-ci signifie que la route spécifique à un nœud comporte un nœud se conduisant mal [23]. Cette solution permet aux nœuds d'expédier les messages même s'ils ont malicieux pour éviter la liste noire.

Ces deux mécanismes, Watchdog et Pathrater, présentent des insuffisances. Ils ne sont pas totalement sécurisés car un attaquant peut les détourner. En effet un nœud attaquant pourrait faire de sorte qu'un nœud valide soit ajouté à la liste noire, isolant le nœud du réseau. Il peut lui affecter une valeur négative et avertir ses voisins du mauvais comportement par un nœud victime d'attaque. Deux nœuds malicieux peuvent coopérer, le premier nœud envoie le message tel quel au deuxième nœud qui pourra le supprimer. Dans ce cas la source considère le premier nœud comme légitime alors que ce dernier est un nœud attaquant que l'on devait mettre dans la liste noire. Il y a aussi un problème de stockage et d'énergie car les nœuds doivent rester sans veille pour surveiller la transmission afin de faire une étude comparative sur les paquets stockés.

Data routing information table (table d'information de données de routage) : la solution pour identifier des nœuds de **trou noir** (Blackhole) multiples agissant dans la coopération consiste à ajouter **deux bits** d'information supplémentaires. Ces bits ont pour valeurs **0** pour « **FAUX**» et **1** pour « **VRAI** » pour les nœuds intermédiaires répondant au RREQ du nœud source. Chaque nœud met à jour une table supplémentaire d'information de données de routage (DRI) [03]. La structure de la table peut être représentée comme suit :

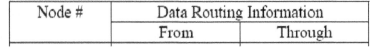

Node #	Data Routing Information	
	From	Through

Figure 4. 3 : structure de la table du DRI

Dans la table de DRI, le premier bit noté «**de**» («**From**») représente l'information sur le paquet de données de routage du nœud (le nœud d'où provient le paquet) tandis que le deuxième bit « **à travers** » (« **Through** ») représente l'information sur le paquet de données de routage par le nœud (le nœud à travers lequel on achemine le paquet). Par exemple l'entrée "**1,0**" pour le nœud **A** signifie que le nœud **B** a conduit des paquets de données **provenant de A** mais n'a conduit aucun paquet de données **à travers A**. L'entrée "**1,1**" pour le nœud **C** signifie que le nœud **B** a conduit des paquets de données **provenant de C** et des paquets de données **à travers C**. Cet exemple est représenté dans le tableau 3.

Tableau 3 : exemple d'utilisation DRI

Node #	DRI	
	From	**Through**
B		
A	1	0
C	1	1

Cross checking : dans cette technique [03] nous comptons sur les nœuds fiables (les nœuds par lesquels le nœud source a routé des données) pour transférer des paquets de données. Dans ce cas, le nœud source (SN) diffuse un message de RREQ pour découvrir un itinéraire vers le nœud destinataire. Le nœud intermédiaire (IN) produisant une RREP doit fournir le saut du prochain nœud (NHN) et son entrée de DRI pour le prochain nœud. Suivant le message de RREP du nœud intermédiaire, le nœud source contrôlera sa propre table de DRI pour voir si le nœud intermédiaire est un nœud fiable. Si le nœud source a utilisé IN avant la nouvelle découverte de route pour router des données, alors IN est un nœud fiable et le nœud source commence à router des données vers IN. Les auteurs nous proposent de l'implémenter sous **AODV (Ad hoc On-demand Distance Vector)** [03].

Dans ces deux cas les nœuds seront obligés d'avoir un bon comportement lors de l'acheminement des paquets pour ne pas être considérés comme non fiables.

DRI et Cross checking présentent des inconvénients. Dans les deux cas, il y a un problème de stockage dans certains nœuds dû au surplus d'information (table DRI) et aussi quand la taille de la table croit avec la taille du réseau. En plus le nœud malicieux peut faire le routage correctement et quand il s'agit des paquets de données il pourra les détourner. Ceci va créer un trou noir. En outre la diffusion des messages entraîne la surcharge du réseau, créant ainsi une diminution de la bande passante. Il y a aussi un problème de consommation d'énergie dû au traitement des DRI dans le cas du Cross checking.

2. Wormhole attack (attaque par trou ver)

Si un nœud malveillant X est dans la zone de communication de deux nœuds qui ne sont pas eux-mêmes dans une même zone commune, X pourrait simplement expédier les messages d'un nœud à un autre (agir comme relais). Cette attaque consiste à mettre un tunnel entre deux nœuds, souvent deux attaquants [02, 16, 17, 18, 20, 22]. Le premier nœud transmet des paquets via le tunnel au nœud à l'autre bout du tunnel qui les réinsère corrompus dans le réseau, et les deux nœuds victimes considèrent qu'ils sont dans la même zone de communication. Ensuite le nœud X peut simplement arrêter ces relais de message. Par exemple quand le nœud source initie la découverte de route, la métrique du chemin qui passe par les nœuds attaquants pourra être modifiée, sans y ajouter leur adresse dans l'entête, de telle sorte que les nœuds légitimes seraient dans la même zone de communication c'est-à-dire dans le même voisinage lors de la réception du message. Afin de maintenir la consistance des routes, des messages HELLO sont envoyés périodiquement, et si le nœud source envoie un HELLO message, ce dernier sera expédié jusqu'au nœud destination rapidement à cause de l'utilisation du lien direct crée par les nœuds malicieux. Dans ce cas les nœuds qui sont victimes d'attaques c'est-à-dire les nœuds qui sont attaqués considèrent qu'ils auront un chemin fiable lors de la transmission des données.

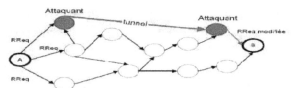

Figure 4. 4 : Attaque par Wormhole

Pour prévenir les attaques Wormhole certains auteurs ont proposé d'utiliser la notion de paquet de **trace ou variante (leash)** qui peut être géographique ou temporelle [04, 02] et aussi les antennes directionnelles (Directional antenna).

Une leash est une information ajoutée à un paquet afin de réduire la distance maximale que le paquet est autorisé à traverser. Chaque saut est associé à une trace et une transmission nécessite une nouvelle trace. Le destinataire peut utiliser ces traces (leashes) pour vérifier si le paquet a trop voyagé ou s'il peut supprimer le paquet. Le protocole **LAR (Location-Aided Routing)** implémente cette solution [25]. LAR utilise les informations de localisation, fournies par le système de positionnement global appelé GPS (Global Positioning System), afin de limiter l'inondation des paquets de requête de route. Le nœud source définit une région circulaire dans laquelle la destination peut être localisée. Le nœud source calcule la distance qui le sépare de la destination, et l'inclut dans le paquet de requête de route. Ce dernier est envoyé par la suite aux nœuds voisins. Quand un nœud reçoit le paquet de requête, il calcule la distance qui lui sépare de la destination, et la compare avec la distance contenue dans le paquet reçu. Dans le cas où la distance calculée est inférieure ou égale à la distance reçue, le nœud envoie le paquet reçu. Nous pouvons classer les leash en deux catégories [04, 02] :

Leash geographical (trace ou variante géographique) : assure que le destinataire du paquet est dans à certaine distance de l'expéditeur. Dans ce cas chaque nœud doit connaître son emplacement propre et tous les nœuds doivent avoir des horloges synchrones. En envoyant un paquet, le nœud émetteur inclut son emplacement propre et le temps pendant lequel le paquet a été envoyé. En recevant le paquet le nœud récepteur utilise ces informations pour vérifier s'il a trop voyagé, et si tel est le cas il sera rejeté.

Leash temporal (trace ou variante temporelle) : assure que le paquet a un supérieur c'est-à-dire un nœud expéditeur qui s'occupe de sa durée de vie, ce qui limite la distance de voyage maximale, puisque le paquet peut voyager au maximum à la vitesse de la lumière. Pour l'utilisation de trace temporelle, en envoyant un paquet, le nœud émetteur inclut dans le paquet le temps (c'est-à-dire l'heure) pendant lequel il a envoyé le paquet, en recevant un paquet, le nœud récepteur note le temps pendant lequel il a reçu le paquet. Le récepteur pourra ainsi dire si le paquet a voyagé trop loin en se basant sur le temps de transmission revendiqué et la vitesse de la lumière. Alternativement, une leash temporelle peut être aussi construite en incluant dans le paquet un temps d'expiration. Après ce temps le destinataire ne devrait pas accepter le paquet. Ce temps d'expiration est basé sur la distance de transmission maximale permise et la vitesse de la lumière. L'expéditeur met ce temps d'expiration dans le paquet comme une compensation du temps pendant lequel il envoie le paquet.

Les leash présentent des limites. Dans cette solution tous les nœuds doivent synchroniser leurs horloges. L'utilisation d'un horodatage dans le paquet comme base d'information n'est pas sure. En effet dans un protocole de niveau MAC, l'expéditeur ne peut pas savoir le temps (l'heure) pendant lequel le paquet envoyé sera transmis au destinataire. De plus quand il y a des obstacles entre la source et le destinataire, c'est-à-dire quand les obstacles empêchent la communication entre deux nœuds qui pourraient être dans la même portée de transmission, le calcul de la distance pourrait encore engendrer un Wormhole entre la source et le destinataire.

Directional antenna (antenne directionnelle) : cette approche [01] se base sur l'utilisation de la direction des paquets d'arrivée pour détecter si les paquets proviennent de leurs propres voisins. Celle-ci est possible en utilisant les antennes directionnelles comme c'est le cas avec **LAR (Location-Aided Routing)** [01] et **DREAM (Distance Routing Effect Algorithm for Mobility)** [25]. Chaque nœud est supposé avoir connaissance de la zone d'où provient le paquet reçu pour pouvoir authentifier ses voisins. L'information comme la direction des paquets d'arrivée est utilisée pour conduire l'information de façon précise pour l'ensemble des voisins du nœud. DREAM est un protocole proactif basé sur les informations de localisation des unités mobiles. Chaque nœud du réseau mobile ad hoc échange périodiquement des messages de contrôle afin d'informer tous les autres nœuds de sa localisation. Lors de l'envoi des données, si la source possède des informations récentes sur la localisation du nœud destination, elle choisit un ensemble de nœuds voisins qui sont localisés dans la direction source/destination. Quand le nœud destination reçoit les données, il envoie des acquittements (ACK) à la source.

Directional antenna permet à un nœud d'évaluer non seulement les transmissions qu'il reçoit, donc et de savoir si elles sont acheminées à travers un Wormhole mais aussi d'évaluer les déclarations de voisinage d'un autre nœud. Si un nœud déclare avoir un lien avec un autre nœud qui est très loin, cette déclaration est fortement suspectée car si cette distance est supérieure à la portée maximale le lien est pratiquent faux du fait de la forte atténuation du signal émis. Elle utilise aussi de manière efficace l'énergie, elle diminue les collisions et augmente le débit car ces liens suspectés peuvent être retirés du réseau.

Les antennes directionnelles ont des insuffisances. Les antennes doivent avoir une certaine visibilité, et être dans un environnement dégagé. Si nous sommes dans un milieu en présence d'obstacles, la portée maximale est réduite. De ce fait les nœuds ont tendance à être dans une zone de Wormhole, ce qui n'est pas le cas. La figure 4.5 illustre le mécanisme de visibilité des antennes pour des antennes qui se trouvent dans deux zones.

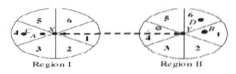

Figure 4. 5 : Mécanisme des antennes directionnelles

3. Rushing attack (attaque par précipitation)

Dans le routage réactif un nœud pourrait parvenir à envoyer des demandes d'itinéraires (RREQs) au destinataire beaucoup plutôt que (plus rapide que) d'autres demandes itinéraires provenant des autres nœuds intermédiaires. Il y a une probabilité de forcer les itinéraires à passer par lui [02, 17,18, 20].

Par exemple lors de la découverte de route, l'attaquant peut effectuer cette attaque en ignorant le délai entre la réception et la diffusion des paquets de découverte de routes « route Request». Ce délai est spécifié par les protocoles de routage pour éviter les collisions de demandes de route. L'adversaire peut aussi ignorer les délais spécifiés par les protocoles pour accéder au canal radio.

Figure 4. 6 : Exemple d'attaque par précipitation

Pour résoudre ces types d'attaques certaines solutions ont été proposées parmi lesquelles nous pouvons citer la notion de sélection au hasard (**randomized selection**), Détection de voisin sûr (**Secure Neighbor Detection**), délégation de route sure (**Secure route Delegation**).

randomized selection (sélection au hasard) : une solution simple pour contrer cette attaque est d'admettre une sélection aléatoire des messages de demande de route [10]. Ainsi un nœud attend jusqu'à collecter un nombre **seuil** de demandes de route. Suivant ce nombre de demandes collectées, le nœud peut choisir aléatoirement une demande à transférer parmi les demandes reçues. Il faut noter que cette attente est associée à un délai afin que si un nœud ne reçoit pas ce nombre seuil de demandes au bout de ce temps, il puisse choisir une demande parmi les demandes reçues.

Les auteurs ont proposé de l'implémenter sous **DSR** [10]. Cette solution permet de choisir la bonne demande de route car si au bout d'un certain temps le nœud attaquant ne reçoit pas la réponse, il pourra abandonner la demande qu'il avait initiée ou bien s'il utilise un identifiant qui existe déjà pour un nœud légitime.

La sélection au hasard présente des insuffisances. En faisant le choix aléatoirement, il pourrait choisir la demande de l'attaquant ce qui reviendrait à une rushing attaque et aussi le temps de latence pourrait augmenter et certains nœuds ont une capacité de stockage limitée et des contraintes d'énergie.

Secure Neighbor Detection (Détection de voisin sûr) : elle permet à chaque nœud de vérifier que l'autre voisin se trouve à la portée maximale de transmission. Elle est réalisée par l'observation du délai de réponse défi (challenge response delay) pour évaluer la distance à un nœud et de vérifier si le nœud peut être un voisin. Le nœud source envoie un paquet de **sollicitation** de voisin à un nœud spécifique ou en diffusion. Le nœud qui reçoit cette sollicitation envoie un message de réponse de voisin et la source renvoie une vérification de voisin en incluant le délai observé et le lien entre la source et la destination. Ce mécanisme est implémenté dans **RAP** (Rushing Attack Prevention) [10]. RAP est un protocole réactif utilisé pour contrer cette attaque et qui permet de sécuriser le comportement de la découverte de route avec la découverte de voisinage et de délégation de route.

Secure route Delegation (délégation de route sure) : dans les propagations de demandes de route, chaque nœud vérifie que toutes les étapes de détection de voisinage ont été exécutées entre toute paire de nœuds adjacents, c'est-à-dire vérifier que les nœuds soient en effet des voisins [10]. Un message de délégation de route est échangé (**Route Delegation / Accept**). A la suite de l'expédition de la demande, le nœud A détermine que si B est son voisin, c'est-à-dire, est dans l'intervalle permis, il signe un message de délégation de route, permettant au nœud B d'expédier la demande de route. Quand le nœud B détermine qu'il est dans la portée permise, il signe un message de **délégation de recevoir**. **RAP (Rushing Attack Prevention)** implémente cette solution [10]. Ces solutions vont permettre aux nœuds de connaître leur voisinage et de pouvoir faire une transmission beaucoup plus sûre en se basant sur la confiance qu'ils ont déjà partagée, et ainsi de pouvoir détecter les fausses déclarations de voisinage.

La détection de voisins sûrs et la délégation de route sûre présentent des inconvénients. Compte tenu des obstacles un nœud peut être considéré comme non voisin alors qu'il l'est, car le délai de réponse défi peut ne pas être accompli lors de la détection de voisinage sûr. De plus le nœud source qui lance une requête de sollicitation ne fait pas la distinction entre les nœuds corrompus et les autres, ce qui va constituer de faux voisins. Il y a aussi des problèmes liés au temps de latence et de l'occupation de la bande passante avec les nombreux échanges de messages.

4. The selfish attack (attaque par non coopération)

Nous pouvons identifier deux types de nœuds qui ne souhaitent pas participer au réseau:

> les nœuds **défectueux/malveillants** ;

> les nœuds **égoïstes.**

En ce qui concerne les nœuds défectueux, de part leur défaut, ne fonctionnent pas correctement. Quant à ceux qui sont malveillants, ce sont ceux qui intentionnellement, essaient d'attaquer le système : atteinte à l'intégrité des données, à la disponibilité des services, à l'authenticité des entités (déni de service, interception de messages, usurpation d'identité, etc.).

Les objectifs de l'attaquant peuvent viser à:

- Nuire au routage et aux appareils ;
- Détourner les communications ;
- Empêcher l'arrivée des messages ;
- Provoquer l'épuisement des batteries.

Les nœuds égoïstes sont des entités économiquement rationnelles dont l'objectif est de maximiser leurs bénéfices. Un tel nœud a deux raisons principales pour refuser de coopérer : une telle opération induit un certain coût; de plus cette transmission peut introduire un délai plus ou moins important dans la transmission de ses propres paquets.

Les buts du nœud égoïste sont :

- économiser sa propre énergie ;
- profiter du routage des autres ;
- ne pas participer à l'élaboration des routes ;
- ne pas transmettre les messages ;
- économiser sa bande passante ;
- économiser sa puissance de calcul.

L'égoïsme d'un nœud est une notion propre aux réseaux ad hoc. Un nœud refusant de jouer son rôle pourrait mettre en péril le réseau dans son ensemble.

Figure 4. 7 : exemple d'un nœud égoïste

Pour prévenir la non coopération des nœuds trois principales solutions ont été proposées : une solution basée sur la **réputation** (CORE et CONFIDANT), une solution basée sur le **payement** (Nuglet) et une solution basée sur la **localisation** (antennes directionnelles).

La réputation est une collecte d'informations sur un ancien comportement de l'entité éprouvé par d'autres. Les systèmes de réputation rassemblent des estimations, traitent et consolident cette information et la rendent disponible sur demande. Ceci a deux effets : ils fournissent des informations qui permettent à des utilisateurs de prévoir comment quelqu'un pourrait se comporter dans l'avenir. Ils incitent les nœuds à bien se comporter dans le futur. La figure 4.8 illustre une procédure de la réputation.

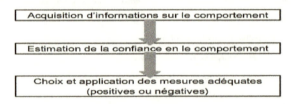

Figure 4. 8 : Procédure de la réputation

Pour le paiement les nœuds qui profitent des ressources du réseau (émetteurs et / ou récepteurs) paient les nœuds « fournisseurs de services » (nœuds intermédiaires).

Nous pouvons citer parmi les algorithmes qui se basent sur la réputation CORE et CONFIDANT.

CORE (Collaborative Reputation) : le mécanisme de CORE [06, 07, 08, 23] est utilisé pour imposer la coopération des nœuds. Dans CORE chaque entité du réseau encourage la collaboration d'autres entités en utilisant une métrique de coopération appelée **réputation**. Cette métrique est calculée en se basant sur les données locales pour chaque nœud et peut se baser optionnellement sur les informations fournies par d'autres nœuds du réseau impliqués dans les échanges de messages avec les nœuds surveillés. Cette réputation se base sur l'**analyse** du comportement (**Watchdog**) associé à chaque nœud. Un vecteur booléen représente un bon (avec un **1**) ou un mauvais (avec un **0**) **comportement**. Un mécanisme de **punition** est adopté comme solution pour empêcher un comportement égoïste en refusant graduellement les services de communication aux entités qui se conduisent mal. Cette punition est appliquée si la métrique de réputation (**Pathrater**) atteint un seuil et dans ce cas nous déclarons que les nœuds égoïstes constituent un déni de service et ils seront mis dans la liste noire. Ainsi les nœuds considérés comme légitimes (qui coopèrent) arrivent à économiser de l'énergie.

CONFIDANT (**Cooperation Of Nodes and Fairness In Dynamic Ad-hoc Network**): CONFIDANT-Coopération des nœuds et de l'équitabilité dans le réseau ad hoc dynamique : CONFIDANT [08, 26] vise à détecter et à isoler des nœuds non coopératifs. Chaque nœud dans CONFIDANT contient plusieurs composants qui ont pour rôle de surveiller et d'évaluer le comportement des nœuds voisins (un saut) en écoutant la transmission du nœud voisin. Chaque nœud surveille (**Watchdog**) le comportement de son voisin. S'il détecte un comportement inhabituel, il l'enregistre et l'envoie à un système de réputation (**Reputation System**). Le système de réputation (**Pathrater**) vérifie si le comportement inhabituel qui s'est produit devient fréquent. Si un certain seuil est atteint, le système de réputation met à jour le taux du nœud qui a causé l'événement. Si ce taux s'avère être intolérable, l'information est transmise au composant de gestionnaire de route (**path manager**), qui va effacer tous les itinéraires contenant le nœud se conduisant mal dans le cache des routes et avise le composant de gestionnaire de confiance (**trust manager**) pour qu'il puisse envoyer un message à sa liste de voisins.

Les deux solutions permettent aux nœuds de bien se comporter au futur pour ne pas perdre leur réputation, de rendre la coopération plus intéressante que la non coopération, d'inciter les nœuds à coopérer. Les nœuds malicieux seront obligés d'expédier les messages.

La solution de la réputation présente des insuffisances. Le problème majeur de CORE et CONFIDANT est qu'ils peuvent considérer un nœud égoïste alors qu'il ne l'est pas. Si un attaquant parvient à prendre le contrôle d'un nœud ou ne relaie pas les paquets il peut modifier le champ métrique de certains nœuds avec une adresse valide de ce fait si ces nœuds demandent certains autres pourraient ne pas répondre, ce qui pourrait créer une perturbation dans le réseau. Dans ces deux cas les nœuds ne feront pas la distinction entre les messages utiles et ceux qui ne le sont pas, et seront obligés d'expédier tous les messages qui leur parviennent pour ne pas perdre leur réputation. Ceci pourrait engendrer des pertes en énergie et de plus la surveillance continue des nœuds entraînerait une surcharge réseau provoquant une diminution de la bande passante. Deux nœuds malicieux peuvent coopérer pour avoir une bonne réputation ou bien envoyer un message annonçant le mauvais comportement d'un nœud légitime. Dans CONFIDANT la suppression définitive des nœuds soupçonnés peuvent engendrer des déconnexions fréquentes dans le réseau.

Pour le micro paiement nous notons l'algorithme Nuglet.

Nuglet (monnaie virtuelle) : un module (une autorité centrale) sûr est nécessaire pour assurer le nombre de **nuglets** qui est retiré ou déposé. Les auteurs proposent deux modèles de paiement pour l'expédition des paquets: le **modèle de bourse de paquets** (the Packet Purse Model) et le **modèle du commerce de paquets** (the Packet Trade Model) [08, 09].

Dans le modèle de bourse de paquets la source paie et charge ainsi le paquet avec un certain nombre de nuglets. S'il n'y a plus aucun **nuglet** pour un nœud intermédiaire, le paquet est supprimé. S'il y a des nuglets laissés dans le paquet une fois qu'il atteint la destination, les nuglets sont détruits.

Dans le modèle du commerce de paquets, le destinataire paie le paquet. Chaque nœud intermédiaire achète un paquet du saut précédent et le vend au prochain avec plus de nuglets pour augmenter son stock afin d'envoyer ses propres messages.

Cette solution permet de décourager l'envoi de messages qui ne sont pas utiles car chaque message a un coût de nuglets, ce qui décharge le réseau, augmentant ainsi la disponibilité de la bande passante.

La solution basée sur le paiement comme les Nuglets a des insuffisances. Par exemple si la source sous-estime ce nombre, alors le paquet sera jeté, et la source détruit son investissement de nuglets en ce paquet, ce qui constitue une grande perte. Par conséquent, la source devrait surestimer le nombre. Le surplus qui demeure dans le paquet quand il arrive à la destination peut être gardé par cette dernière, ou si la destination fournit des services d'information, il peut être utilisé pour payer ses derniers. Les nœuds intermédiaires peuvent nier le service d'expédition après avoir retiré des nuglets d'un paquet. Dans ce modèle il doit avoir une autorité qui se charge de mettre à jour les nuglets et qui doit vérifier le nombre de nuglets que le nœud intermédiaire retire ou dépose ce qui est impossible car dans le cas des

MANETs il y a absence d'administration centralisée. Nous pouvons aussi utiliser les antennes.

Les antennes directionnelles : elles sont aussi utilisées pour contrer les attaques **Selfish** car si un message provient d'une zone qui est différente de la zone soupçonnée d'être le Wormhole, le nœud égoïste pourrait participer sur le mécanisme de collaboration des nœuds dans le réseau.

5. Tentative de gaspillage de l'énergie (sleep deprivation)

Des nœuds ayant une autonomie de batterie faible ou cherchant à rester autonome (sans recharge) le plus longtemps possible. Ces nœuds se caractérisent par leur propension (tendance naturelle) à passer en mode veille le plus longtemps possible.

L'attaque consiste à faire en sorte que le nœud soit obligé de rester en état d'activité et de lui faire consommer toute son énergie [18, 20]. Cette attaque est référencée par Ross Anderson et Franck Stajamo sous l'appellation **Sleep deprivation torture attack**, un scénario de torture par privation de sommeil [18, 20].

Les réseaux ad hoc sont caractérisés par des ressources limitées en énergie. La conservation de l'énergie s'avère donc être un facteur primordial pour la durée de vie du réseau. L'énergie consommée par un nœud est fonction de ses activités réseau. Au niveau de la couche liaison de données, les nœuds consomment de l'énergie essentiellement pour assurer leur connectivité réseau. Pour ce faire les nœuds restent à l'écoute du canal et s'échangent des messages de contrôle. Au niveau du routage, la consommation de l'énergie est due à la réception des messages d'opération du routage et au traitement du trafic de contrôle défini par les protocoles responsables.

Pour lutter contre la privation de sommeil nous avons recours à certaines solutions comme la priorité (**priority**), **PARO** (contrôle de puissance du routage), **PAA** (Alternation du contrôle de puissance).

Priority (priorité) : pour réduire les effets de cette attaque nous affectons de la priorité entre les fonctions (les applications) du nœud visé, de sorte que les demandes constantes des services de priorité basse ne bloquent pas les demandes prioritaires [11].

Cette solution permet d'assigner une faible priorité à un nœud soupçonné d'être malicieux, de telle sorte que ses requêtes ne seront jamais traitées et ce nœud pourra quitter le réseau libérant ainsi des ressources. Cette solution est intégrée dans **802.11 et HiperLAN** [30, 32, 33].

La priorité présente des limites. Le problème de cette solution est que des ressources peuvent être partagées de façon inégale entre les différents types de services ou même davantage, le nœud pourrait assigner plus de ressources à certains nœuds demandeurs qu'à d'autres avec moins de priorité.

PARO : Power Aware Routing (contrôle de puissance du routage) [40, 41] est une technique de contrôle de puissance du routage pour les MANETs où tous les nœuds sont situés dans la portée maximale de transmission de l'un de l'autre c'est-à-dire l'énergie dépend de la distance qui sépare la source et la destination. PARO utilise une technique de transmission de paquets où les nœuds immédiats peuvent être élus pour être des réexpéditeurs au nom de la paire source/destination. Les nœuds réexpéditeurs envoient un message de **redirection de route** (route redirect) aux nœuds source/destination pour leur confirmer l'existence du contrôle de puissance du routage afin de réduire la consommation d'énergie globale dont nous avons besoin pour délivrer des paquets dans le réseau. PARO se base sur le principe d'ajout des nœuds supplémentaires d'expédition (réexpéditeurs) entre les paires source/destination afin de les maximiser pour minimiser la consommation d'énergie lors de la transmission.

Cette solution permet aux nœuds qui ont une autonomie d'énergie faible de gagner plus et aussi les nœuds pourront déterminer leurs voisins de manière sûre.

La solution du contrôle de puissance du routage présente des inconvénients. Elle n'est pas efficace dans le routage basé sur les techniques de **diffusion** (d'inondation) car il génère beaucoup de paquets signalant la faiblesse de l'alimentation, ou certains nœuds sont incapables de découvrir les itinéraires qui maximisent le nombre de nœuds intermédiaires d'expédition entre les nœuds sources destinations. Le nœud élu peut être attaqué par un nœud malicieux créant nouveaux échanges et nouveaux calculs pour trouver d'autres élus. Il y a une surcharge du réseau ce qui diminue la bande passante disponible.

PAA : Power Aware Alternation (Alternation du contrôle de puissance) [11] se base sur l'élimination de l'activité réseau d'un ensemble de nœuds durant une certaine période afin de conserver leur énergie tout en gardant leur présence dans le réseau par une délégation. Les nœuds choisissent des nœuds supporteurs avec qui ils vont alterner des périodes d'activité et d'inactivité. Un compromis devra être réalisé afin d'assurer un certain équilibrage de la consommation d'énergie entre tous les nœuds du réseau tout en limitant le blocage du trafic. Durant les périodes d'inactivité d'un nœud, son ou ses supporteurs récupèrent et stockent les messages en sa destination. L'alternance des périodes d'activité ou d'inactivité s'effectue d'une manière prédéfinie. **PAA** nécessite une phase d'établissement pour les nœuds du réseau voulant activer **PAA,** qui s'organisent alors en réseau virtuel de supporteurs. Si un nœud cherche un supporteur, il **diffuse une requête d'obtention** de supporteur (envoie de message Request) à la quelle uniquement ses voisins directs devraient répondre. Il reçoit un message « **Acceptation** » d'un nœud voisin qui fait office de candidature et qui a la capacité de supporter le nœud source. Une fois que le nœud choisit son supporteur, il lui envoie un message « **confirmation** », puis se synchronise avec son supporteur. Il ne commence à appliquer les périodes de synchronisation qu'à la réception de l'acquittement de la part de son partenaire. A la réception du message de confirmation, le nouveau supporteur renvoie son acquittement et commence directement les activités liées au support de ce nœud. PAA définit une « inter période », séparant deux changements d'états, durant laquelle tous les nœuds devront être actifs et s'échangeront les messages sauvegardés.

Cette solution permet à un nœud dans sa phase d'inactivité d'économiser ses ressources, par exemple si un attaquant avait pour cible le nœud qui entre dans la phase d'inactivité, cet attaquant peut avoir des informations sur ce nœud supporteur et ce dernier pourra rester à l'état d'inactivité. Elle permet non seulement d'économiser de l'énergie mais aussi de diminuer les interférences et les pertes des paquets dues à la taille du réseau.

L'alternation du contrôle de puissance présente des limites. Certains nœuds ont une capacité de stockage limitée, la diffusion occupe de la bande passante. Un nœud malicieux peut accepter la demande d'un nœud légitime qui va entrer dans sa période d'inactivité et l'attaquant jette tous les messages qui lui étaient destinés, une fois entré en activité il n'aura plus de connaissance des nouvelles routes et des messages valides. De ce fait il est dans l'obligation de refaire des Route Request pour certaines destinations, ou bien le nœud malicieux s'engage dans sa phase d'inactivité et nie l'acceptation de supporteur de son voisin ce qui va entrer un gaspillage d'énergie énorme de la part du nœud légitime. Un nœud malicieux peut aussi envoyer des messages de **REJECT** pour indiquer qu'un nœud n'est plus supporteur. En plus si un nœud envoie une demande de supporteur et entre temps il reçoit une autre demande venant d'un autre nœud, il abandonne sa demande, et se porte candidat pour être supporteur pour ce nœud. Au bout d'un certain temps s'il ne reçoit pas de confirmation, il relance une autre demande de supporteur car il suppose qu'il n'a pas été sélectionné. Un attaquant pourra cibler un nœud et à chaque fois qu'il envoie une demande, l'attaquant envoie une demande et dans ce cas le nœud légitime abandonnerait toutes ses demandes. De ce fait le nœud légitime n'aura jamais de supporteur ce qui pourrait engendrer la perte de son énergie. La figure 4.9 montre une alternance de périodes d'activité et d'inactivité.

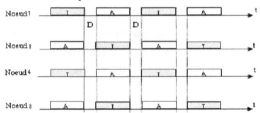

Figure 4. 9 : alternance des périodes d'activité et d'inactivité

6. Location disclosure attack (Attaque par divulgation d'emplacement)

Dans les MANETs, les nœuds du voisinage jouent un rôle primordial pour la transmission des données afin d'assurer le bon fonctionnement du réseau. Un attaquant révèle des informations sur l'emplacement des nœuds intermédiaires ou la structure du réseau [20]. Il récupère les informations d'emplacement des nœuds intermédiaires, comme une carte d'itinéraire et projette ensuite de nouveaux scénarios d'attaques, qui peuvent aboutir à un déni de service. Il peut viser à attaquer le nœud intermédiaire qui relaie le plus les messages, ce qui peut dégrader le fonctionnement du réseau.

Pour prévenir les attaques de divulgation d'emplacement l'algorithme RNI a été proposé.

RNI : Random Node Identification (Identification aléatoire de nœud) : pour ne pas dévoiler l'emplacement d'un nœud, l'identité et l'emplacement du nœud doivent être indépendants et introuvables. Les auteurs de [05] ont proposé d'utiliser un identifiant aléatoire du nœud pour dissocier un vrai identifiant du nœud de l'information d'emplacement. Dans l'exécution normale, un nœud mobile a deux adresses : une adresse de la couche 2 (MAC address) et une adresse de la couche 3 (identifiant du nœud). Chaque nœud dans le réseau génère des adresses aléatoires de la couche 3 et de la couche 2 (MAC), désignées sous le nom d'identifiants aléatoires du nœud (RNI), et annonce son utilisation de RNI par l'intermédiaire d'un message tel que HELLO message dans AODV. Les nœuds voisins se connaissent seulement par leurs RNIs. Le RNI est localement utilisé pour router et communiquer avec des nœuds voisins.

Chaque nœud change son RNI après un intervalle de temps aléatoire pour empêcher un adversaire d'apprendre son emplacement et puis commence à s'annoncer avec le nouveau RNI. A partir de l'association de la source et de la destination en utilisant les pseudonymes de bout à bout, les nœuds ne doivent pas savoir le RNI l'un de l'autre. Ceci a deux avantages : d'abord, le RNI peut être changé sans coordination de bout à bout. En second lieu, du moment que la source et la destination ne connaissent pas le RNI l'un de l'autre, la transmission entre une source et la destination ne révèle pas l'emplacement de l'un ou l'autre usager à l'autre.

Les auteurs ont proposé d'implémenter la solution du RNI dans le protocole **AODV (Ad hoc On-demand Distance Vector)** [05].

En raison de l'aspect aléatoire et de l'indépendance du nouveau et de l'ancien RNI, un adversaire ne peut pas tracer les changements du nœud RNI.

La solution basée sur génération d'identification aléatoire présente des insuffisances. Un risque avec cette approche est la collision d'identifiants, dans laquelle deux nœuds choisissent le même RNI, pourrait se produire. Le temps de calcul peut aussi avoir un impact sur la durée d'un nœud dans le réseau car certains nœuds ont une capacité de traitement limitée, ce qui va entraîner une consommation d'énergie.

II. Dénis de service par saturation

Un nœud malicieux pourrait tenter d'émettre volontaire des informations à un nœud légitime afin qu'il ne soit plus capable de répondre aux requêtes réelles. Ces types d'attaque sont appelés attaques par saturation. Elles sont nombreuses dans les réseaux mobiles ad hoc.

1. Tentative de débordement des tables de routage

Un nœud malicieux peut provoquer le débordement des tables de routage des nœuds servant de relais [20]. Si le réseau ad hoc utilise un protocole de routage « proactif » c'est-à-dire un algorithme qui essaie de trouver l'information de routage égale avant qu'il soit nécessaire pour la transmission des données. Ceci crée des vulnérabilités puisque l'attaquant peut essayer de créer des itinéraires vers des nœuds inexistants. Si assez d'itinéraires sont créés, les nouveaux itinéraires ne peuvent plus être ajoutés dans la table créant ainsi un débordement au niveau des tables de routage. Pour parer à cette attaque la solution suivante a été proposée :

Trust evaluation (évaluation de confiance) : la confiance exprime la volonté d'une entité de procéder à une action qui pourrait être nuisible basée sur l'information comme le risque, l'avantage et la réputation des entités impliquées. Elle se base sur l'évaluation de confiance pour assurer un routage sûr dans les MANETs [19]. Le succès d'une communication à travers un nœud augmentera l'indice de confiance de ce nœud et l'échec par ce nœud diminuera l'indice de confiance. Si cette valeur atteint zéro ce nœud est inscrit dans une liste noire et nous avertissons les autres voisins de ce nœud. Quand un nœud source diffuse une demande de route pour ses voisins afin de trouver un nœud destination, les nœuds voisins du nœud source diffusent la demande à leurs voisins si le seuil de confiance sur le passage du nœud source est prédéfini en regardant l'indice de confiance de ce nœud et ainsi de suite jusqu'au nœud destination, ou un nœud intermédiaire qui a une route assez fraîche. **TRP (Trust-based Routing Protocol)** implémente cette solution [19]. TRP est un protocole de routage réactif basé sur DSR. Il sécurise la découverte de topologie et l'acheminement des données. Il intègre un Watchdog pour alimenter les échanges de réputations qui sont intégrés dans les échanges de messages de routage afin de mieux réaliser le choix des routes.

Cette solution permet d'isoler les nœuds malicieux qui voient dans la plupart du temps, leur transmission se solder par un échec. Elle permet aussi de supprimer les routes qui ont été déclarées de manière fictive.

L'évaluation de confiance a des insuffisances. Cette solution n'est pas totalement sécurisée car les nœuds potentiellement malicieux qui n'avaient de connaissance sur les autres nœuds, avec le temps ils vont se connaître de plus en plus. Nous pouvons mettre un nœud légitime dans la liste noire. Par exemple si un nœud malicieux se réclame être son voisin, car il y aura une forte probabilité que la communication du nœud légitime se solde par un échec. En outre le nœud qui vient de se connecter peut ne pas bénéficier de cette confiance.

2. Brouillage du canal radio

Un individu émet volontairement des ondes dans la bande de fréquence de transmission du réseau afin d'empêcher toute communication ou de provoquer des interférences.

Par exemple dans les réseaux mobiles sans fil, le déni de service le plus simple correspond au brouillage. Ces réseaux fonctionnent principalement dans les bandes de fréquences des **2.5 et 5 GHz**. L'utilisateur d'un appareil radio utilisant la même bande avec des puissances supérieures à celles de la technologie sans fil utilisée peut provoquer des interférences et une chute des performances globales du réseau, voire l'empêcher complètement de fonctionner. Pour contrer le brouillage du canal, la solution ci-dessous a été proposée :

Frequency hoping (saut de fréquence): c'est la transmission par saut de fréquence [20]. Elle consiste à une transmission des données sur une séquence de fréquences définie de manière pseudo-aleatoire. En effet cette technique permet une transmission de données sur une large bande de fréquences. Pour être efficace un attaquant doit être capable de brouiller l'étendue des fréquences utilisées. Elle est implémentée dans **802.11 et Bluetooth** [32, 33]. La fréquence porteuse du signal d'information modulé n'est pas constante et change périodiquement :

- pendant des intervalles de temps T, la porteuse reste la même ;
- après chaque intervalle de temps, la porteuse saute vers une autre fréquence ;
- le schéma de saut correspond au code.

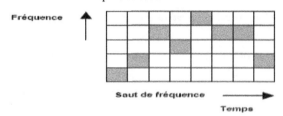

Figure 4. 10 : **Exemple de saut de fréquence**

La solution du saut de fréquence a des insuffisances. Puisque la séquence est générée de manière aléatoire, si l'attaquant parvient à détecter la séquence utilisée il pourra faire la synchronisation en réception. La transmission va occuper de la bande passante partagée. Les ondes peuvent être réfléchies, réfractées et les risques d'interférences.

3. Ad hoc flooding attack (Saturation de la bande passante)

Un adversaire peut effectuer un DoS en saturant le support avec une grosse quantité de messages en broadcast, en réduisant le débit des nœuds, et au pire, les empêchant de communiquer [12].

Pour prévenir la saturation au niveau des nœuds deux principales approches ont été proposées : une approche basée sur la monnaie virtuelle (Virtual currency), une approche basée sur la méthode de suppression voisine (FAP).

Virtual currency : il permet d'éviter les attaques flooding en identifiant le message et sa source. Virtual currency [08] utilise la notion de crédit ou de micro paiement pour compenser le service d'un nœud. Un nœud reçoit un paiement virtuel pour l'expédition d'un message d'un autre nœud, ce paiement est effectué par la source ou le destinataire.

La monnaie virtuelle présente des limites. Ce mécanisme n'est pas très adopté car si un nœud malicieux usurpe l'adresse d'un nœud valide la source serait considérée comme légitime alors que les messages qui sont en train d'être émis sont faux ce qui surcharge le nœud destinataire, créant ainsi un mauvais fonctionnement du réseau. Si deux nœuds malicieux coopèrent, l'un envoie le message de la source à l'autre qui peut le mettre dans un trou noir et dans ce cas la source peut penser que le message a été acheminé correctement. Les nœuds de la périphérie du réseau auront moins de chance d'être récompensés.

FAP : Flooding Attack Prevention (prévention de l'attaque par inondation) : la méthode de suppression voisine [12] est employée pour empêcher l'attaque par inondation de demandes de route (RREQs). Quand l'attaquant diffuse un grand nombre de paquets de RREQs, les nœuds voisins de l'attaquant enregistrent la cadence de demandes d'itinéraires. Une fois que le seuil est dépassé, les nœuds voisins nient tous les futurs paquets de demande de l'attaquant. Ainsi deux tables ont été définies dans chaque nœud : **taux de demande** (Rate_RREQ) et **liste noire** (Black List). La table de Rate_RREQ enregistre la cadence de RREQ que chaque nœud voisin lance, et n'enregistre pas des périodes de RREQ expédiée. Le Rate_RREQ a deux champs : **identifiant du nœud** (Node_ID) et le **temps de la demande** (RREQ_time). Node_ID inclut tous les identifiants des voisins, RREQ_time enregistre l'heure que le nœud voisin lance RREQ. Quand le nœud reçoit un paquet, il recherche premièrement l'identifiant de la source du paquet. Si l'identifiant de la source est dans la **liste noire,** le nœud jette directement le paquet. Si l'identifiant de la source n'est pas dans la liste noire, le nœud peut transmettre le paquet par le processus normal.

Cette solution permet aux nœuds de ne pas submerger le réseau de messages qui ne sont pas utiles pour ne pas être considérés comme nœuds malicieux qui peuvent être mis dans la liste noire, les isolant ainsi du réseau, ce qui va engendrer une disponibilité de la bande passante.

Dans cette solution, le problème majeur est le stockage car certains de ces nœuds intermédiaires ont une capacité limitée. Puisque nous vérifions l'identifiant du nœud dans la liste avant de consulter la table de routage pour voir si nous détenons la route sollicitée il existe aussi un problème de temps. Le nœud peut usurper une adresse ou changer son identifiant, ce qui isole certains nœuds légitimes du réseau.

4. Replay attack (attaque par rejeu)

Un nœud propage les vieux messages de routage, qui ne reflètent pas la topologie courante, dans le réseau pour affecter des itinéraires. Pour prévenir ce type d'attaque le mécanisme suivant a été proposé [01]. :

Sequence Number (numéro de séquence) : pour contrer les attaques de type rejeu nous pouvons utiliser les numéros de séquence (SN) qui permettent de faire la distinction entre les anciens et les nouveaux paquets transmis. Chaque nouveau paquet est envoyé avec un numéro incrémenté de l'ancien numéro de séquence enregistré. **DSDV (Dynamic Destination-Sequence Distance-Vectore) et AODV (Ad hoc On-demand Distance Vector)** implémentent ce mécanisme [01].

Cette solution permet de se passer des boucles formées par des liaisons inexistantes; elle évite aussi de stocker des chemins fictifs permettant ainsi d'économiser des ressources.

Les numéros de séquence présentent des insuffisances. Un attaquant peut usurper l'identité d'un nœud victime et envoyer un message avec un numéro de séquence (SN), plus élevé que celui du récent paquet. Dans ce cas les autres nœuds intermédiaires considéreront ce nouveau numéro, et ils pourront rejeter les paquets du nœud victime qui ont des numéros de séquence inférieurs. Un nœud malicieux peut aussi étudier l'algorithme de génération des numéros de séquence utilisé par un nœud et envoyer des messages avec les mêmes numéros créant ainsi des conflits.

Cependant le nœud légitime est isolé temporairement du réseau jusqu'à ce qu'il parvienne à trouver un numéro approprié.

5. SYN flooding attack (attaque par inondation)

L'attaque par inondation SYN (synchrone) est une attaque déni de service exploitant le handshake [20]. Pour que deux nœuds utilisant TCP puisent communiquer, ils établissent une connexion TCP en utilisant le **Three way handshake** qui permet aux deux nœuds d'apprendre l'un de l'autre que chacun est prêt à communiquer, et accepte l'ordre établi pour la conversation. L'attaquant crée un grand nombre de connexions TCP semi ouvertes avec le nœud victime et jamais le handshake (la poignée de main) n'est ouvert dans sa totalité. Durant l'attaque, un nœud malicieux envoie une grande quantité de paquets SYN à un nœud victime, usurpant les adresses destinations des paquets SYN. Les paquets SYN/ACK sont envoyés directement par le nœud victime lorsqu'il reçoit les paquets SYN de l'attaquant et le nœud victime attend la réponse ACK des paquets. Sans recevoir ces derniers la structure des données semi ouverte demeure sur le nœud victime. Si ce nœud stocke ces connexions semi ouvertes dans une table à taille fixe en attendant la reconnaissance du **Three way handshake** toutes les connexions pendantes pourraient déborder dans le tampon et le nœud victime ne sera pas capable d'accepter un autre nœud légitime qui tente d'avoir une connexion.

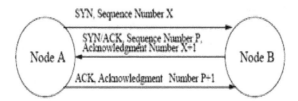

Figure 4. 11 : Etablissement de la connexion TCP

6. Le jellyfish attack

Le jellyfish attack [20, 21] est une autre attaque DoS sur la couche transport difficile à déceler. Il peut être mis en œuvre de trois façons: en relayant les paquets TCP en désordre au lieu de l'ordre FIFO canonique, en rejetant les paquets pour un court laps de temps à chaque période RTO, en augmentant le délai de variation ou en retenant un paquet TCP pour une période aléatoire avant de le traiter.

Les mécanismes acquittement et inter-couches ont été proposés pour contrer les attaques au niveau TCP dans les réseaux ad hoc. En effet la mise en œuvre de la fiabilité passe par l'utilisation de paquets d'acquittement (ACK) et de numéros de séquence. Lorsqu'un nœud reçoit un paquet, il émet un acquittement en renseignant le numéro de séquence jusqu'à ce qu'il reçoive tous les octets. Dans ce cas nous parlons d'acquittement cumulatif. Il est alors possible que nous obtenions un second acquittement pour un même numéro de séquence (acquittement dupliqué), qui signifie qu'un paquet précédent a été détruit dans le réseau ou qu'il y est **retardé**, ce qui permet de contrer les attaques de type **jellyfish.** Cependant TCP décidera de réémettre le paquet en question après l'expiration (Timeout) d'un délai avant retransmission, le RTO propre à chaque paquet qui court au moment de l'émission de celui-ci. Le RTO, est calculé à partir du temps de transmission aller-retour, le RTT. Ce dernier est une estimation du temps qui s'écoule entre l'émission d'un paquet et l'arrivée de son acquittement.

WRP implémente ces mécanismes [25]. Dans WRP, un nœud envoie un message de mise à jour s'il détecte un changement d'état d'un lien voisin, ou après la réception des données de mise à jour d'un autre voisin. Les nœuds présents dans la liste de réponse (Response List) du message de mise à jour doivent acquitter (ACK) la réception du message. S'il n'y a pas de changement, dans la table de routage, par rapport à la dernière mise à jour le nœud doit envoyer un message "Hello" pour assurer la connexion. Mais ces solutions ne résolvent pas le problème de congestion (SYN Flood attack). C'est pourquoi une architecture inter-couches (cross-layers), notamment à travers des retours d'informations (**feedbacks**), a été proposée. De nombreux feedbacks ont été proposés pour les réseaux ad hoc, comme par exemple la couche physique informant la couche MAC de la qualité de la liaison, permettant à cette dernière d'utiliser ou non des mécanismes de contrôle d'erreur. Au niveau de la consommation d'énergie, nous souhaitons par exemple que la couche MAC adapte sa portée de transmission, ou encore que la couche réseau préfère certains nœuds à d'autres lors du routage.

ATCP (Ad hoc TCP), proposé par By Jian Liu et Suresh Singh est l'un des protocoles cross-layers le mieux conçu actuellement [13, 14, 15]. Il inclut une nouvelle couche entre la couche réseau et la couche TCP, qui a pour but de filtrer les signes de congestion émanant du réseau. En particulier, cette approche se fonde sur le protocole d'**ICMP** (Internet Control Message Protocole) et le schéma d'**ECN** (Explicit Congestion Notification) pour détecter l'encombrement du réseau. Le mécanisme ECN permet à un nœud routeur, selon l'occupation moyenne de son buffer, de positionner un bit dans l'entête IP du paquet qu'il est en train de traiter, pour signifier qu'une congestion est probable. ATCP garde trace des acquittements reçus et des horloges de retransmission. Ainsi lorsque **trois** acquittements dupliqués arrivent, ou lorsque un timeout est proche de s'effectuer, ATCP bloque TCP et effectue la retransmission lui-même des paquets nécessaires, jusqu'au moment où un acquittement non dupliqué arrive. TCP est alors débloqué et l'acquittement lui est délivré.

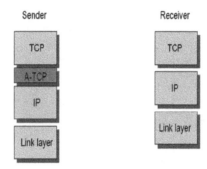

Figure 4. 12 : ATCP dans TCP/IP

Le tableau 4 donne un résumé des attaques de types DoS dans les Manet.

Tableau 4 : Récapitulation des attaques de type DoS dans les MANET

Dénis de service par exploitation de vulnérabilités				
Attaques DoS	**Solutions**	**Protocoles**	**Avantages**	**Inconvénients**
Blackhole attack	Watchdog	SWAN : Secure Watchdog for mobile Ad hoc Network	Encourage l'expédition des messages même s'ils sont malicieux pour éviter la liste noire.	- Mauvais comportement accusé par un nœud attaquant. - Deux nœuds malicieux peuvent coopérer - problème de stockage
	Pathrater			
	Data routing information table	Propose de modifier AODV : Ad hoc On-demand Distance Vector	avoir un bon comportement lors de l'acheminement des paquets pour ne être pas considérés comme non fiable	le nœud malicieux peut faire le routage correctement et détourner les paquets de données
	Cross checking			
Wormhole attack	Leash geographical	LAR : Location-Aided Routing	- réduire la distance maximale que le paquet est autorisé à traverser afin de pouvoir rejeter certains paquets	- avoir des horloges synchrones.
	Leash temporal			- quand il y a aussi des obstacles le calcul de la distance pourrait encore engendrer un Wormhole
	Directional entenna	DREAM: Distance Routing Effect Algorithm for Mobility	- évaluer les déclarations de voisinage - Elle utilise aussi de manière efficace l'énergie -diminue les collisions	

Rushing attack	randomized selection	Propose l'implémentation sous DSR	- choisir la bonne demande de route	- choisir la demande de l'attaquant - capacité de stockage - contraintes d'énergie
	Secure Neighbor Detection Secure route Delegation	RAP : Rushing Attack Prevention	- connaître leurs voisins - détecter les fausses déclarations	- distinction entre les nœuds corrompus et les autres - occupation de la bande passante
The selfish attack	Watchdog Reputation Virtual Currency (monnaie virtuelle)	CORE CONFIDANT	- se bien comporter au futur pour ne pas perdre leur réputation - inciter les nœuds à se coopérer - expédition des messages par nœuds malicieux	- distinction entre les messages utiles Deux nœuds malicieux peuvent coopérer - detection fréquente dans CONFIDANT
		Nuglets	- décourager l'envoie de messages inutiles - décharger le réseau - disponibilité de la bande passante	- la source devrait surestimer le nombre de nuglets. - Les nœuds intermédiaires peuvent nier le service d'expédition - avoir une autorité qui charge de mettre à jour
	Directional entenna	LAR : Location-Aided Routing	- évaluer les déclarations de voisinage - Elle utilise aussi de manière efficace l'énergie -diminue les collisions	- quand il y a aussi des obstacles la puissance des antennes pourra diminuer provoquant une atténuation du signal
Tentative de gaspillage de l'énergie	Priority	802.11 HiperLAN	- les demandes constantes des services de basse priorité ne bloquent pas les demandes prioritaires	- ressources peuvent être partagées de façon inégale
	Intégration des nœuds réexpiditeurs	PARO : Power Aware Routing	- permet aux nœuds qui ont une autonomie d'énergie faible de gagner plus d'énergie - déterminer les voisins de manière sûre.	- nœud élu peut être attaqué par un nœud malicieux - surcharge du réseau - diminue la bande passante disponible
	Alternance des périodes d'activité et d'inactivité avec les supporteurs	PAA : Power Aware Alternation	- économiser de l'énergie - diminution des interférences - diminution des pertes des paquets dues à la taille du réseau.	- capacité de stockage limitée - un nœud malicieux peut aussi envoyer des messages de REJECT - perte en énergie
Localison disclosure attack	RNI : Random Node Identification	Propose de modifier AODV : Ad hoc On-demand Distance Vector	en raison de l'aspect aléatoire et de l'indépendance du nouveau et vieux RNI, un adversaire ne peut pas tracer les changements du nœud RNI.	-collision d'identifiants - perte d'énergie due temps de traitement

Dénis de service par saturation				
Tentative de débordement des tables de routage	Trust evaluation (évaluation de confiance)	TRP :Trust-based Routing Protocol	- isoler les nœuds malicieux - supprimer les routes que l'on a déclarées d'une manière fictive	- les nœuds potentiellement malicieux qui n'avaient de connaissance sur les autres nœuds, avec le temps ils vont se connaître de plus en plus - le nœud qui vient de se connecter peut ne pas bénéficier de cette confiance
Brouillage du canal radio	Frequency hoping (saut de fréquence)	802.11 Bluetooth HiperLAN	Pour être efficace un attaquant doit être capable de brouiller l'étendue des fréquences utilisées	- si l'attaquant peut détecter la séquence utilisée et faire la synchronisation - problème d'énergie due à la transmission - problème de propagation
Ad hoc flooding attack (Saturation de la bande passante)	Virtual currency	Nuglets	-décourager l'envoie de messages inutiles - décharger le réseau - disponibilité de la bande passante	- un nœud malicieux usurpe l'adresse d'un nœud valide la source serait considérée comme légitime - Les nœuds de la périphérie du réseau auront moins de chance d'être récompensés
	La méthode de suppression voisine	FAP : Flooding Attack Prevention	- ne pas submerger le réseau de messages - disponibilité du réseau augmentant ainsi la bande passante	- le problème de stockage - un problème de temps du à la consultation des tables
Replay attack (attaque par rejeu)	Sequence Number (numéro de séquence)	DSDV (Dynamic Destination-Sequence Distance-Vectore) SRP (Secure Routing Protocol)	- se passer des boucles formées par des liaisons inexistantes, - évite aussi de stocker des chemins fictifs	-un nœud malicieux peut aussi étudier l'algorithme de génération des numéros de séquence créant ainsi des conflits. - Un attaquant peut usurper l'identité d'un nœud victime et envoyer un message avec un numéro de séquence (SN) plus élevé
SYN flooding attack (attaque par inondation)	Inter-couches (cross-layers)	ATCP : Ad hoc TCP	- filtrer les signes de congestion émanant du réseau en observant les acquittements dupliqués - effectue la retransmission lui-même des paquets nécessaires, jusqu'au moment où un acquittement non dupliqué arrive.	- Problème de la Synchronisation - Problème d'énergie
Le *jellyfish* *attack*	Acquittement (ACK)	WRP :Wireless Routing Protocol	- Permet d'avoir la certitude de la réception des paquets et leur ordre	ces solutions ne résolvent pas le problème de congestion (SYN Flood attack)
	Sequence Number (numéro de séquence)	AODV : Ad hoc On-demand Distance Vector		
	l'expiration (Timeout) d'un délai avant retransmission	DREAM: Distance Routing Effect Algorithm		

Le tableau 5 présente un récapitulatif permettant de voir les protocoles cités au cours de cette étude et les attaques qu'ils peuvent contrer d'une manière générale.

Tableau 5 : Tableau récapitulatif des attaques et protocoles

Protocoles de routage / Attaques DoS	SWAN	LAR	RAP	CORE	CONFIDANT	Nuglet	PARO	PAA	TRP	FAP	DSDV	AODV	ATCP	WRP	DREAM
boucle de routage	oui	non	oui	oui	Oui	non	non	non	oui	non	oui	oui	oui	oui	oui
trou Gris	oui	non	non	oui	Oui	non	non	non	oui	non	non	non	oui	oui	oui
Courrier noir	oui	non	oui	non	Non	non	non	non	non	non	non	non	non	non	non
Trou Ver	non	oui	oui	non	Non	non	oui	non	non	non	non	non	oui	oui	oui
précipitation	non	non	oui	non	Non	oui	non	non	non	non	non	non	non	non	non
Non coopération	non	oui	oui	oui	Oui	oui	oui	oui	oui	oui	non	non	non	non	oui
Privation de sommeil	non	non	non	non	Non	oui	oui	oui	non	oui	non	oui	non	non	non
divulgation d'emplacement	oui	non	non	non	Non	non	non	oui	non	non	non	non	non	non	non
débordement des tables de routage dû aux nœuds fictifs	non	non	oui	non	non	oui	oui	non	oui	non	non	non	non	non	non
Brouillage du canal radio	non	non	non	non	non	non	non	oui	non	non	non	non	non	non	non
BlackHole coopérative	non	non	non	non	non	non	non	non	non	non	non	non	non	oui	oui
Saturation de la bande passante	non	oui	non	non	non	oui	non	oui	non	oui	non	non	oui	non	non
Rejeu	non	non	non	non	non	non	non	non	non	non	oui	oui	oui	non	non
SYN flooding	non	non	non	non	non	non	non	non	non	non	non	non	oui	non	non
Jellyfish	non	non	non	non	non	non	non	non	non	non	oui	oui	oui	oui	oui

Conclusion

Cette partie nous a permis de définir la notion de **DoS** ainsi que ses différents types. Nous avons en outre présenté plusieurs variantes d'attaques DoS rencontrées dans les MANETs, leur mode de fonctionnement ainsi les mécanismes utilisés pour les contrer. Enfin les protocoles qui les implémentent ont été présentés.

Cependant aucun protocole ne résiste totalement à toutes les attaques énumérées comme illustré dans le tableau 5. Ceci ouvre par conséquent d'immenses perspectives de recherche en vue de doter les protocoles de routage de mécanismes leur permettant de résister au plus grand nombre d'attaques. Pour notre part nous nous sommes fixés comme objectif, dans la suite du présent mémoire de renforcer la sécurité de CORE en le dotant de mécanismes pour contrer les attaques comme Blackhole coopérative, Blackmail, Overflow, Selfish.

Partie IV :
SIMULATION ET PROPOSITION

CHAPITRE 5 : MODELISATION ANALYTIQUE ET SIMULATION DES ATTAQUES

Introduction

Les attaques de type DoS sont très fréquentes dans les MANETs à cause de la nature du média utilisé qui est les ondes électromagnétiques pour assurer la communication et la connexion.

Dans ce chapitre nous allons faire une modélisation de certaines de ces attaques DoS en utilisant des outils mathématiques comme la théorie des jeux et ensuite faire une simulation en utilisant le logiciel ns2.

I. Vulnérabilités exploitées par les attaques

Dans le domaine de la sécurité informatique, une vulnérabilité ou une faille est une erreur dans un système informatique permettant à un attaquant de porter atteinte à la sécurité de ce système. L'attaque peut concerner son fonctionnement normal, la confidentialité et l'intégrité des données qu'il contient, etc. Les vulnérabilités exploitées peuvent se différencier d'une attaque à une autre.

1. Selfish

Dans les MANETs, chaque nœud se comporte à la fois comme routeur et comme hôte. Il doit participer activement au bon fonctionnement du réseau. Dans ce type de réseau il y a absence d'infrastructures préexistantes et de toute administration centralisée, comme les autorités de certification, ce qui constitue une vulnérabilité car les nœuds manquent de confiance à priori. Les messages ne sont pas toujours authentifiés. Les émissions et les calculs sont coûteux alors que ces nœuds ont des contraintes en ressources (énergie, traitement), et la durée de vie d'un nœud dépend de sa présence dans le réseau. La suppression des paquets est l'attaque principale pour les nœuds égoïstes car certains protocoles n'ont pas de mécanisme pour détecter si les paquets sont transmis ou non [44, 45, 46].

2. Privation de sommeil (Sleep deprivation)

Des nœuds ayant une autonomie de batterie faible ou cherchant à rester autonome (sans recharge) le plus longtemps possible. Ces nœuds se caractérisent par leur propension (tendance naturelle) à passer en mode veille le plus longtemps possible.

L'attaque consiste à faire en sorte que le nœud soit obligé de rester en état d'activité et de lui faire consommer toute son énergie [18, 20].

3. Black mail

Dans ces réseaux MANETs, la connectivité est gérée par les nœuds. Les nœuds malicieux peuvent simplement propager de faux messages de "route error" pour supprimer un lien ou bloquer un lien opérationnel. Le mécanisme de routage utilisé n'est pas fiable dans certains protocoles, du fait de la non authenticité des messages de gestion des routes comme les "Hello messages", les TC ... A cause de la nature du réseau, un nœud attaquant peut usurper l'adresse d'un nœud valide et il peut lors de la maintenance des routes envoyer de faux messages [44, 45, 46].

4. Overflow

Dans les MANETs, plus particulièrement dans les algorithmes de routage proactifs lors des mises à jour périodiques, les informations stockées (routes) ne sont pas limitées, alors que les nœuds ont une capacité de stockage et de traitement limitée. Le nœud malicieux peut usurper des adresses valides et envoyer de faux messages créant ainsi des liens inexistants. Du fait de la mobilité des nœuds la topologie du réseau change de façon dynamique, ce qui fait que les nœuds n'ont pas de connaissance sur la taille du réseau [44, 45, 46].

5. Cooperative Blackhole

Cette attaque exploite la vulnérabilité de certains protocoles de routage, qui consiste à déclarer une métrique optimale afin que les autres nœuds aillent conserver ce chemin et écrasent les autres et lors de la transmission des paquets ces nœuds attaquants pourront simplement les supprimer car certains protocoles n'ont pas de mécanisme pour détecter si les paquets sont transmis ou non [44, 45, 46].

II. Modélisation analytique des attaques

La théorie des jeux est un outil d'analyse de comportements humains qui a connu un essor considérable depuis la parution de l'ouvrage de Von Neumann et Morgenstern « The Theory of Games and Economic Behavior » en 1944 [38, 39, 40]. Elle est une discipline mathématique qui étudie les situations où le sort de chaque participant dépend non seulement des décisions qu'il entreprend mais également des décisions prises par d'autres participants.

L'analyse d'un jeu permet de prédire l'équilibre qui émargera si les joueurs sont rationnels. Par équilibre nous entendons un état ou une situation dans laquelle aucun joueur ne souhaite modifier son comportement, compte tenu du comportement des autres joueurs. Une fois que l'équilibre est atteint dans un jeu peu importe la manière dont il a été obtenu il n'y a aucune raison de le quitter.

1. Modélisation d'attaque sleep deprivation et Selfish

Dans [07] l'auteur modélise la coopération des nœuds. Il se base sur la théorie des jeux pour évaluer la réputation c'est-à-dire le comportement des nœuds lorsqu'ils reçoivent des messages et les transmettent. Pour les attaques sleep deprivation et Selfish, certains nœuds reçoivent les messages et décident de les traiter ou non; de plus ils peuvent recevoir une grande quantité de messages provenant d'un nœud attaquant, provoquant ainsi une perte d'énergie. Donc nous pouvons adapter cette approche pour modéliser nos attaques précitées car dans cette approche l'auteur traite le comportement des nœuds malicieux et dans le cas de nos attaques nous avons à traiter le comportement des nœuds malicieux.

Dans le cas de notre modélisation des attaques sleep deprivation et Selfish, nous considérons des nœuds qui intègrent le réseau et qui vont décider de communiquer. Si un des nœuds envoie un message et l'autre décide de le traiter, ils vont consommer chacun de l'énergie. En revanche si le message n'est pas traité (non coopération), le nœud qui a envoyé perd son énergie tandis que l'autre nœud conserve son énergie.

Cette situation stratégique peut être décrite de manière plus formelle. Soit deux nœuds A et B, chacun a deux stratégies possibles (consommer ou conserver) qui peuvent être matérialisées par une fonction notée ρ. A chaque combinaison de choix est associé un gain noté σ pour le nœud A et le nœud B. Le tableau 6 nous donne des exemples de gains en énergie. En ligne nous avons les choix du nœud A et en colonne ceux du nœud B. Dans chacune des cases du tableau 6, le premier gain d'énergie est celui du nœud A et le deuxième gain est celui du nœud B.

Tableau 6 : Forme matricielle du DP

Nœuds		Nœud B	
		Consommer	Conserver
Nœud A	Consommer	$(-\sigma, -\sigma)$	$(-\sigma, \sigma)$
	Conserver	$(\sigma, -\sigma)$	(σ, σ)

D'une manière générale si nous notons par σ le gain lorsque nous exécutons la fonction ρ pour un jeu itéré k fois dans le temps t,

$$\rho = \begin{cases} Consommer, \ t = 0 \\ conserver \end{cases}$$

Si à l'instant t= 1 nous appliquons la coopération c'est-à-dire consommer (envoie et traite), le gain est U_{ni}^t(nj/f)=$(-\sigma,-\sigma)$; à t= 2 nous consommons U_{ni}^t(nj/f)=$((-\sigma,-\sigma), (-\sigma,-\sigma))$, à t= 3 nous consommons U_{ni}^t(nj/f)=$((-\sigma,-\sigma), (-\sigma,-\sigma), (-\sigma,-\sigma))$ ainsi de suite.

La formule générale pour calculer le gain est :

$$U_{ni}^t \ (nj/f) \ = \ \sum_{k=0}^{t} \rho(k)\sigma k \qquad (1)$$

U_{ni}^t (nj/f) est le gain obtenu au temps **t** par le nœud n_i sur le nœud nj en exécutant la fonction f

$\rho(k)$ est une fonction qui dépend du temps relevant les valeurs de **σk**

σk représente le gain obtenu à la k^{ième} itération lors qu'on exécute l'action $\rho(k)$

Par exemple, si le nœud A envoie et B ne traite pas, A consomme **-2 Joules** et B conserve **2 Joules** et vice versa. Si le nœud A envoie et B traite, chacun des deux nœuds consomme **-2 Joules**. Si les nœuds, n'envoient ni traitent, ils vont conserver **2 Joules.** Le tableau 7 nous donne un exemple de consommation d'énergie des nœuds qui se communiquent.

Tableau 7 : Exemple de consommation d'énergie dans DP

Nœuds		Nœud B	
		Consommer	Conserver
Nœud A	Consommer	(-2, -2)	(-2, 2)
	Conserver	(2, -2)	(2, 2)

2. Modèle analytique des attaques Overflow, Black mail, Cooperative Blackhole

Dans l'article [43], l'auteur modélise l'attaque Blackhole dont un nœud tente d'intégrer le réseau et essaie de fournir un chemin optimal et de pouvoir rejeter les paquets ne pas les retransmettre lors de la réception. Il se base sur la taille du réseau et les attaquants pour évaluer le temps perdu. Pour les Overflow, Black mail, Cooperative Blackhole, le ou les attaquants tentent d'intégrer le réseau et de créer les liens fictifs ou inexistants afin de provoquer une perte des paquets lors de la transmission. Cette approche qui se base sur les nœuds malicieux peut être adoptée à notre simulation des attaques précitées.

Dans le cas de notre modélisation des attaques (Overflow, Black mail, Cooperative Blackhole), nous envisageons un réseau ad hoc dont la taille est égale à **N** nœuds. Nous supposons que parmi les N nœuds les **a (a <N)** de ces nœuds sont des nœuds malicieux. Nous notons par **p** la probabilité qu'un nœud attaquant soit choisi au hasard telle que **p = a / N**.

Prenons l'exemple d'un chemin traversant **h** sauts [43]. Si les nœuds sélectionnés représentent un échantillon aléatoire des N nœuds du réseau, alors la probabilité pour qu'un chemin ne contienne pas de nœuds attaquants est $(1-p)^h$.

Nous calculons le pourcentage en transmission normale en fonction du temps alterné entre les périodes de transmission succès et les périodes de transmission échec. En particulier, nous notons **E(T$_L$)** la durée de vie d'un itinéraire déterminée par des facteurs comme la vitesse et la densité du nœud. Elle est de la forme **D/V** où D est la distance ou la portée d'émission et V la vitesse de transmission pour un nœud. Quand une route est défectueuse du fait de la mobilité, un certain nombre de retard est accusé lors de la réparation de la route. Nous notons trois types de retard :

- **T$_{diag}$** pour diagnostiquer la route ;
- **T$_{RL}$** pour envoyer une demande de route ;
- **T$_{RR}$** pour recevoir une réponse de route.

Tout d'abord, une durée **T$_{diag}$** est notée pour diagnostiquer que la route est brisée (envoi de Route Error, Hello..). Ensuite, la demande pour une nouvelle route peut être retardée pour une durée de limitation du taux afin d'atténuer l'impact d'inondation des demandes de route des nœuds attaquants. Nous notons ce délai par **T$_{RL}$**, qui désigne le délai minimum entre les demandes de route autorisées par le protocole de routage.

Enfin, le nœud doit attendre de recevoir un ou plusieurs messages de réponse route, ce délai d'attente est noté par **T$_{RR}$**. Après ces trois phases, un nœud commence la transmission de données sur la nouvelle route. Toutefois, la nouvelle route comporte au moins un nœud attaquant avec une probabilité $1-(1-p)^h$. Si tel est le cas, la transmission est bloquée et le nœud doit subir à nouveau ces trois retards avant d'essayer à nouveau. Il faut noter que même si le nœud victime s'assure que la nouvelle route ne contient pas des routes défectueuses, la nouvelle route peut contenir un nœud attaquant. Ainsi, un nœud sort de la phase débit zéro (avant la transmission des données) seulement après qu'il ait établi avec succès une route sans nœud attaquant.

En général, un protocole peut changer de temporisateurs accordés au nombre de tentatives. Soit **n** le nombre de tentatives de demande route, $\mathbf{T}_{RL}^n$ indique la durée de limitation du taux attendue immédiatement avant la $n^{ième}$ tentative. Ainsi, nous notons $E(T_0)$ le temps total escompté de débit zéro, c'est-à-dire, le temps total perdu pour trouver un nouveau itinéraire qui ne contient pas de nœud attaquant (le temps perdu pour trouver une route légitime), est donné dans [43] et est de la forme :

$$E(T_0) = \sum_{n=1}^{\infty} \left(\sum_{j=1}^{n} E\left(T_{diag}^{j}\right) + \sum_{j=1}^{n} E\left(T_{RL}^{j}\right) + \sum_{j=1}^{n} E\left(T_{RR}^{j}\right) \right) \left(1 - (1-p)^{h}\right)^{n} \qquad (2)$$

Où $\left(\sum_{j=1}^{n} E\left(T_{diag}^{j}\right) + \sum_{j=1}^{n} E\left(T_{RL}^{j}\right) + \sum_{j=1}^{n} E\left(T_{RR}^{j}\right) \right)$ est le temps perdu pour un nombre de tentatives égales à n.

Pour simplifier, nous supposons que nous avons le même nombre de tentatives c'est-à-dire le même n pour l'ensemble des $E(T_J)$ et nous avons

$$E(T_0) = \sum_{n=1}^{\infty} n\left(E\left(T_{diag}\right) + E\left(T_{RL}\right) + E\left(T_{RR}\right)\right)\left(1 - (1-p)^{h}\right)^{n} \qquad (3)$$

Le pourcentage en transmission normalisé c'est-à-dire le temps pour la transmission normale sur le temps total perdu pour trouver un nouveau itinéraire pour un flux est donné par :

$$D = \frac{E(T_L)}{E(T_L) + E(T_0)} \qquad (4)$$

En vertu de ce qui précède et des hypothèses nous avons la formule représentée par :

$$D = \frac{E(T_L)}{E(T_L) + \sum_{n=1}^{\infty} n\left(E\left(T_{diag}\right) + E\left(T_{RL}\right) + E\left(T_{RR}\right)\right)\left(1 - (1-p)^{h}\right)^{n}} \qquad (5)$$

Pour effectuer notre simulation nous avons fixé Et_l=10 S, T_{diag}=2 S, T_{rl}=2 S, T_{rr}=1 S car ces valeurs sont les valeurs par défaut du protocole de routage DSR et qui représentent respectivement la durée de vie de la route, la période de diagnostic des routes défectueuses, l'intervalle des demandes de route et le temps d'attente des réponses de routes [43]. Ces différentes variables sont définies par le protocole de routage choisi. La figure 5.1 nous donne une variation du pourcentage de transmission en temps en présence de nœuds attaquants.

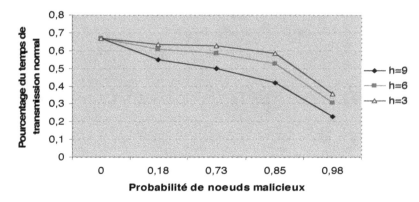

Figure 5. 1 : Impact de l'attaque et la longueur de route sur le temps de transmission normal

Pour un nombre de saut égal à 9 lorsque la fraction de nœuds malicieux est 0, les 68% du temps sont dépensés pour les transmissions qui réussissent et ce taux diminue et atteint les 49% lorsque la fraction est de 0,73 et à une fraction égale à 0,98 ce taux diminue et atteint les 20%. Cela peut s'expliquer du fait que lorsque l'on sélectionne un nœud malicieux, le temps perdu augmente car il y'aura un retard accusé pour la nouvelle découverte des routes et l'attente des réponses des messages. Pour un nombre de saut égal à 6, à une fraction de nœuds malicieux égale à 0,73 le temps dépensé pour les transmissions qui sont réussies est de 58% et pour cette fraction lorsque le nombre de saut est égal à 3, le taux en temps utilisé est 63%.

Ainsi nous notons une diminution du taux lorsque le nombre de saut augmente. Cela trouve son explication dans l'augmentation du temps de transmission. Par contre le rapport entre temps transmission normal et le temps de transmission total qui diminue.

Nous faisons varier h c'est-à-dire le nombre de sauts pour mettre en évidence une des caractéristiques de ces MANETs qui est le changement de la topologie due à la mobilité des nœuds.

III. Simulation des attaques Selfish, Overflow, Blackhole

Nous avons identifié plusieurs logiciels de simulation pour les MANETs. Parmi ces logiciels nous pouvons citer NS2 (Network Simulator), GloMoSim (Global Mobile Simulator), QualNet, OpNet (Optimized Network) [47, 48] :

- NS2 est un logiciel de simulation le plus populaire que les chercheurs utilisent dans la plupart de leurs travaux MANETs. Il se base sur les langages C++ et OTCL. Son architecture est orientée objet et supporte les systèmes Linux, Windows, Sun, Mac. C'est un logiciel Open Source et subit une amélioration considérable chaque année. Sa version actuelle est 2.31 ;

- GloMoSim est un logiciel de simulation réseau écrit en Parsec (C et C++). Il supporte les systèmes Linux, Windows, Sun, Mac. Il a deux versions, une qui est académique mais téléchargeable uniquement via un **.edu** et une autre version qui est commercialisée communément appelée QualNet. Elle ne subit pas une grande évolution par rapport à ns, sa version actuelle est 2.5 ;

- OpNet est un logiciel de simulation pour les réseaux de communication écrit en C et C++. Son architecture est orientée objet et supporte Linux, Windows, les systèmes parallèles et distribués. Il marque une compatibilité ascendante avec les MANETs mais sa version est commercialisée. Il subit une nette amélioration avec sa version actuelle de 11.0.

Tableau 8 : tableau récapitulatif des logiciels

Noms	Systèmes compatibles	Langages	Version
NS2	Linux, Windows, Sun, Mac	C++, OTCL	Open Source
GloMoSim	Linux, Windows, Sun, Mac	Parsec(C, C++)	Académique .edu commercialisée QualNet
OpNet	Linux, Windows, les systèmes parallèles et distribués	C, C++	commercialisée

De notre étude comparative des logiciels obtenus, nous avons décidé d'utiliser ns2 qui est facile à utiliser et open source.

1. Installation et Configuration de ns2

Nous avons fait notre installation sur une machine Celeron de 40 Go de disque dur avec une mémoire de 512 Mo, un processeur de 1 GHz sur une version   Linux de RedHat 9.0.

Pour les étapes de l'installation :

- télécharger nsallinone 2.29.tar.zip ;
- gzip –d nsallinone 2.29.tar.zip ;
- tar –xvf nsallinone 2.29.tar ;
- cd nsallinone 2.29 ;
- . /install;
- s'il y a problème installer le paquetage xFree86-devel-4.30-2-2 et relancer /install ;
- . /valide ;
- set PATH= PATH : /root/NS/ nsallinone 2.29/bin;
- set PATH= PATH : /root/NS/ nsallinone 2.29/lib ;
- set PATH= PATH : /root/NS/ nsallinone 2.29/include.

2. Résultats expérimentaux

Dans notre simulation nous avons choisi comme paramètres la surface pour définir la topologie du réseau, la taille des paquets et le modèle de trafic pour définir les applications dans ce réseau, le modèle d'antenne pour définir les voisinages et l'énergie de transmission ou de réception pour la consommation en énergie lorsqu'on envoie ou reçoit des messages. Nous avons choisi ces paramètres pour pouvoir faire notre simulation des attaques comme le Selfish, le Blackhole, etc. Le tableau 9 nous donne les paramètres choisis lors de notre simulation.

Tableau 9 : paramètres de simulation

Temps de simulation en S	10, 20, 30, 40, 50, 60, 70, 90, 100
Nombre de nœuds	10
Surface	670*670
Vitesse d'exécution	20 m/sec
Taille paquet	1000 bytes
Modèle trafic	CBR/UDP
Routage	DSDV
Modèle d'antenne	Omnidirectionnelle
Energie de transmission en J	0,4
Energie de réception en J	0 ,3

Pour étudier les attaques nous nous focalisons sur un certain nombre de paramètres cités ci-dessous pour pouvoir faire notre simulation des attaques car dans le Selfish aussi bien que dans le Blackhole le nombre de paquets envoyés sera inférieur au nombre de paquets à l'arrivée et aussi pour le Overflow la consommation d'énergie diffère car chaque paquet reçu correspond à une perte d'énergie. Les paramètres sont :
- le nombre de paquets envoyés ;
- le nombre de paquets reçus ;
- le nombre de paquets perdus ;
- la consommation d'énergie.

Taux de paquets perdus=nombre de paquets perdus / nombre de paquets envoyés
Débit=nombre total de paquets reçus dans la couche applicative /nombre total de paquets envoyés dans la couche applicative

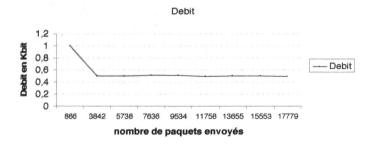

Figure 5. 2 : changement du débit

La figure 5.2 illustre le changement du débit en fonction du nombre de paquets envoyés dans le temps. Nous avons constaté que le débit est égal à 100 bit/sec lorsque le nombre de paquets reçu est égal à 865 et brusquement le débit chute et atteint les 50 bit/sec, cela trouve son explication dans le fait que le but de l'attaquant est de saturer le réseau rendant ainsi la bande passante non disponible d'où la diminution du débit:

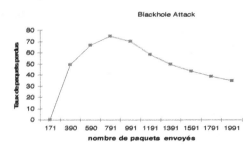

Figure 5. 3 : effet de l'attaque Blackhole

La figure 5.3 calcule le taux de perte des paquets en fonction du nombre de paquets envoyés dans le temps. Nous avons constaté que le taux augmente considérablement et atteint presque les 75% lorsque le nombre de paquets atteint les 800 et ensuite le taux commence à diminuer et atteint les 35%, cela peut s'expliquer du fait que le but de l'attaque Blackhole est de détourner les paquets de données et non pas les paquets de routage et en plus l'attaquant peut décider d'acheminer les paquets ou les mettre dans un trou noir.

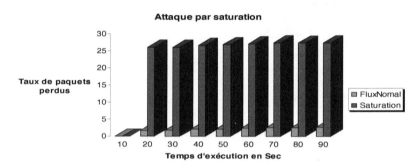

Figure 5. 4 : effet de l'attaque par saturation

Les résultats visualisés nous permettent de faire une étude comparative sur le taux de perte de paquets en fonction du temps dans le cas où les nœuds du réseau fonctionnent correctement et dans le cas où le réseau est saturé par l'envoi d'une grande quantité de paquets. Nous avons constaté que si les nœuds sont légitimes, le taux de perte de paquets ne dépasse pas les 5% et reste constant même si le temps augmente, cela peut s'expliquer du fait que la bande passante est partagée et que les nœuds envoient leurs paquets par intervalle de temps régulier car les nœuds écoutent le canal avant leur transmission et dans cet environnement sans fil les risques de collision sont assez fréquentes. Dans le cas où il existe un nœud qui émet volontairement des paquets afin de saturer le réseau le taux de perte de paquets atteint presque les 30%, cela peut s'expliquer du fait que la bande passante est limitée et partagée par l'ensemble des nœuds du réseau. Si le nœud malicieux ne respecte pas les intervalles d'émission, l'envoi des paquets par les nœuds légitimes entraîne une perte.

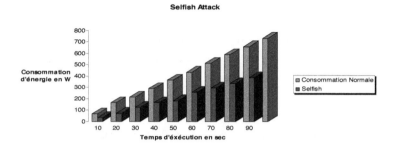

Figure 5. 5 : consommation d'énergie

La figure 5.5 nous permet de faire une comparaison sur la consommation d'énergie en fonction du temps dans le cas où les nœuds coopèrent au bon fonctionnement du réseau et aussi dans le cas il existe des nœuds égoïstes. Dans le fonctionnent normal, la consommation d'énergie augmente avec le temps et atteint presque les 750 J au temps égal à 90 sec tandis que si le nœud est égoïste la consommation d'énergie est de 400 J, ce qui entraîne une réservation de presque de 375 J d'où les nœuds ont tendance à être égoïstes pour rester dans le réseau ou bien d'expédier leur propre paquet car ils ont une autonomie limitée.

CHAPITRE 6 : PROPOSITION DE SOLUTIONS CONTRE LES ATTAQUES:
Blackhole coopérative, Black mail, Overflow, Selfish
Introduction

Dans le domaine des réseaux de communication, les besoins de connectivité sans fil et de communication mobile sont en évolution permanente. Les réseaux ad hoc ont la capacité de satisfaire une communication mobile de nature temporaire, celle-ci sans une infrastructure préexistante. Cependant, pour de nombreuses raisons, les nœuds dans un MANET peuvent préférer de ne pas collaborer. Par exemple, chaque nœud doit utiliser une partie de ses ressources (CPU, bande passante, batterie, ...) pour acheminer le trafic des autres nœuds, ceci sans gain personnel et peut préférer, à court terme, de ne pas faire partie du réseau.

L'introduction des notions de Réputation et de Punition, ou de Paiement, peut inciter les nœuds à jouer pleinement leur rôle pour ne pas perdre leur bon comportement. Parmi les solutions qui se fondent sur le paiement nous pouvons citer **Virtual Currency** (monnaie virtuelle). Parmi celles qui se fondent sur la Réputation et sur la Punition nous donnons **CONFIDANT** et plus particulièrement **CORE**, sur laquelle porte l'objet de notre proposition. Nous avons choisi de travailler avec CORE car il met les nœuds qu'on considère égoïste dans une liste noire tandis que CONFIDANT supprime ces nœuds définitivement du réseau, ce qui va engendrer des fréquentes déconnexions.

Dans cette partie nous rappelons du fonctionnement de base de **CORE** et présentons quelques unes de ses vulnérabilités, afin de proposer un nouvel algorithme.

II. Architecture de CORE existant

La figure 6.1 illustre le fonctionnement existant de CORE.

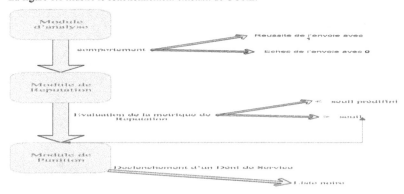

Figure 6. 1 : Fonctionnement de CORE existant.

1. Quelques vulnérabilités de CORE

Dans l'attaque Cooperative Blackhole, deux nœuds malicieux peuvent coopérer pour avoir une bonne réputation. Un nœud attaquant peut aussi envoyer un message annonçant le mauvais comportement d'un nœud légitime (Black mail). Les nœuds peuvent stocker des liens inexistants provoquant ainsi l'attaque Overflow. Ces vulnérabilités peuvent conduire à un Blackhole. Dans notre algorithme nous essayons de parer aux trois vulnérabilités citées en dotant CORE d'un mécanisme appelé table DRI.

III. Architecture proposée : XCORE

La figure 6.2 illustre le fonctionnement de XCORE que nous avons proposé.

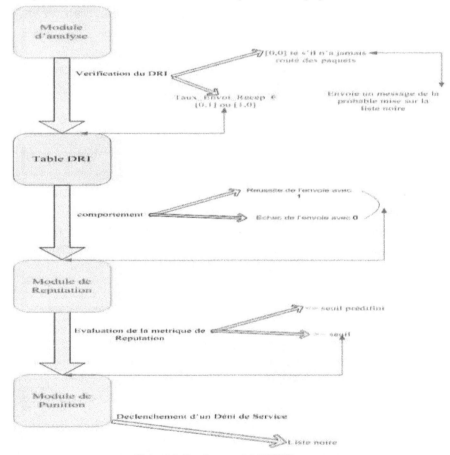

Figure 6. 2 : Fonctionnement de XCORE

Algorithme de XCORE

Début

1. Vérification du **DRI** avant transmission ;
2. Si **Taux_Envoi_Recept** appartient à **[0, 0]** alors ;
3. On met ce nœud sur la liste noire c'est-à-dire ce lien est fictif ;
4. Sinon on coopère pour la première itération c'est-à-dire on envoie tout en surveillant le nœud ;
5. Dans chaque itération du période T, on observe le comportement du nœud opposant et on construit un vecteur **V= (V1, V2, …. VT)** où chaque élément **Vi** est soldé par **1** pour un bon comportement et **0** pour un mauvais comportement ;
6. Evaluation de la réputation durant cette période ;
7. Reputation= **(1/T) * somme des Vi** ;
8. Si **Reputation >0** alors ce nœud est un nœud coopérant ;
9. Sinon ce nœud est un nœud de déni de service.

Fin

Cet algorithme supprime les liens inexistants annoncés par les nœuds malicieux ce qui diminue la charge du réseau augmentant ainsi sa bande passante. Il permet aussi de détecter les nœuds malicieux coopérant pour augmenter leur réputation. Cette solution permet de gagner de la confiance sur les nœuds légitimes que nous considérions malicieux. Les nœuds seront obligés de relayer les messages jusqu'à la destination pour figurer dans la DRI de son voisin. Elle évite la mise sur la liste noire des nœuds légitimes car si un nœud malicieux tente d'émettre des faux messages de route error alors que le nœud légitime fonctionne correctement nous pouvons regarder son DRI pour voir son état.

IV. Modélisation de XCORE

La théorie des jeux est un outil d'analyse de comportements humains qui a connu un essor considérable depuis la parution de l'ouvrage de Von Neumann et Morgenstern « The Theory of Games and Economic Behavior » en 1944. Elle est une discipline mathématique qui étudie les situations où le sort de chaque participant dépend non seulement des décisions qu'il entreprend mais également des décisions prises par d'autres participants [38, 39, 40].

Pour modéliser notre modèle proposé nous utilisons le **Dilemme du prisonnier (DP)** de la théorie des jeux [39]. Dans ce modèle classique du DP, deux joueurs doivent prendre la décision de coopérer (C) ou de ne pas coopérer (D : Defect). Si les joueurs coopèrent ils reçoivent une prime (G). Si les deux joueurs décident de ne pas coopérer ils reçoivent une punition (P). Dans le cas ou seulement un joueur coopère tandis que l'autre ne coopère pas, les gains vont être M pour le joueur qui n'a pas coopéré et de N pour le joueur qui a coopéré. Le DP appartient à la classe des jeux nommée jeux à deux joueurs, dont la somme des gains n'est pas nulle. Le dilemme est dicté par les expressions suivantes : **M > G > P > N, G > (M+ N) / 2.**

La représentation matricielle peut être illustrée dans le tableau 10.

Tableau 10 : Forme matricielle du DP

Nœuds		Joueur j	
		C	**D**
Joueur i	**C**	(G, G)	(M, N)
	D	(N, M)	(P, P)

D'une manière générale si nous notons par σ (σ peut prendre les valeurs **M, G, P, N**) le gain lorsque nous exécutons la fonction ρ dans le jeu itéré; la formule générale pour calculer le gain est :

$$U_{ni}^{t}\,(nj/f) \;=\; \sum_{k=t-B}^{t} \rho(B,\ k)\,\sigma k \qquad (8)$$

$U_{ni}^{t}(nj/f)$ est la réputation directe calculée au temps **t** par le nœud ni représentant du nœud nj en exécutant la fonction f ;

$\rho(k)$ est une fonction qui dépend du temps relevant les valeurs de σk ;

σk représente le gain obtenu à la $k^{ième}$ observation lorsque l'on exécute l'action $\rho(k)$;

B représente le nombre d'observations nécessaire pour évaluer la réputation.

Cette situation stratégique peut être décrite de manière plus formelle. Soit deux nœuds A et B, chacun a deux stratégies possibles, **coopérer** ou **ne pas coopérer**. A chaque combinaison de choix nous associons un gain pour le nœud A et le nœud B. Le tableau 11 nous donne des exemples de gains de réputation. En ligne nous avons les choix du nœud A et en colonne ceux du nœud B. Dans chacune des cases du tableau 11, le premier gain de réputation est celui du nœud A et le deuxième gain celui du nœud B.

Par exemple, si les nœuds A et B coopèrent, chacun gagne une réputation égale à **4**, si A coopère avec B et B ne coopère pas A gagne une réputation égale à **5** et B gagne **-2** et vice versa. Si les nœuds décident de ne pas coopérer ils perçoivent un gain égal à **0**.

Tableau 11 : Exemple de DP pour la coopération

Nœuds		nœud B	
		Coopérer	**ne pas coopérer).**
nœud A	**Coopérer**	**(4, 4)**	**(5, -2)**
	ne pas coopérer).	**(-2, 5)**	**(0, 0)**

Si nous supposons que la population prenant part au jeu du DP itéré utilise, avec une distribution identique sur les joueurs, les stratégies K et L. La $n^{ième}$ itération, voit chaque stratégie représentée par une distribution de population de $W_n(K)$ joueurs utilisant la stratégie K, $W_n(L)$ joueurs appliquant la stratégie L. Le gain des joueurs qui utilisent la stratégie K quand ils s'opposent à la stratégie L est représenté par $V(K/L)$. Pour chaque simulation si nous supposons que la population est Π, nous avons l'expression suivante [06, 07] :

$$\forall i \in [1, \infty[, \Pi = W_i(K) + W_i(L) \qquad (9)$$

L'évaluation du score obtenu par chaque joueur qui adopte une stratégie déterminée à l'itération n est :

$$g_n(K) = W_n(K)V(K/K) + W_n(L)(L/K) - V(K/K)$$

$$g_n(L) = W_n(K)V(L/K) + W_n(L)(L/L) - V(L/L) \qquad (10)$$

Au total le gain attribué à chaque stratégie est :

$$t(n) = W_n(K)g_n(K) + W_n(L)g_n(L). \qquad (11)$$

Pour la modélisation du module DRI nous avons le tableau 12 qui représente la matrice DRI.

Tableau 12 : matrice du DRI

Nœuds		Joueur j	
		Routé	**N'a jamais routé**
Joueur i	**Routé**	**(G, G)**	**(M, N)**
	N'a jamais routé	**(N, M)**	**(P, P)**

Pour la modélisation du module DRI, considérons toujours l'exemple des nœuds A et B. Soit deux nœuds A et B, chacun a deux stratégies possibles (**routé** ou **n'a jamais routé**). Si les nœuds A et B routent des paquets de l'un à travers l'autre, chacun gagne une entrée égale à

1 pour sa table DRI, si le nœud A a routé des paquets à travers B et B n'a jamais routé à travers A, A gagne une entrée égale à **1** et B gagne **0** et vice versa. Si les nœuds n'ont jamais routé des paquets de l'un de l'autre, ils perçoivent une entrée égale à **0**.

Tableau 13 : **Exemple de matrice DRI**

Nœuds		nœud B	
		Routé	N'a jamais routé
nœud A	Routé	(1, 1)	(1, 0)
	N'a jamais routé	(0, 1)	(0, 0)

V. Implémentation et test de CORE et XCORE

L'implémentation des algorithmes est présentée sur les **annexes B** et **C**. Pour les tests nous avons fait notre programme sur Dev-C++ du compilateur C.

Pour tester notre proposition, nous avons donné en entrée le nombre d'itérations du DRI, si le taux Taux_Env_Reception du DRI appartient à [0,0] nous déclarons que ce lien est fictif (c'est une attaque Overflow). Sinon lorsqu' un mobile envoie un message de route, nous évaluons ce message. Si c'est une route error, nous allons vérifier sa validité en regardant le DRI. Si le Taux_Env_Reception est [0,0] alors nous confirmons que ce nœud est défectueux sinon nous considérons que ce message n'est pas valide (s'il s'agit d'une attaque Blackmail) et dans ce cas nous continuerons à évaluer la réputation. Si la réputation est ≤0 nous considérons que ce nœud est un nœud de déni de service (un nœud Selfish) sinon nous déclarons que ce nœud est un nœud coopérant.

Les paramètres d'évaluations sont représentés dans le tableau 14.

Tableau 14 : paramètres de test des algorithmes de CORE et de XCORE

Paramètres en entrée	Valeurs
Nombre d'entrée DRI	[1,100]
Taux_Env_Reception	[0,0], [0,1], [1,0], [1,1]
Message de routage	RouteError, Hello
Période d'évaluation de la réputation	[1,20]
Valeur de la réputation	≤ 0, $\succ 0$

1. Attaque Black mail sur CORE et XCORE

Dans ces tests nous évaluons l'attaque blackmail. Si nous recevons un message « route error », nous regardons la table DRI, si le taux est dans [0,0], nous considérons que ce nœud est effectivement défectueux, sinon nous considérons que ce message a été envoyé par un nœud attaquant et nous rejetons ce message c'est-à-dire nous n'allons pas laisser l'attaque blackmail passer. Ces tests sont illustrés par les figures 6.3 et 6.4.

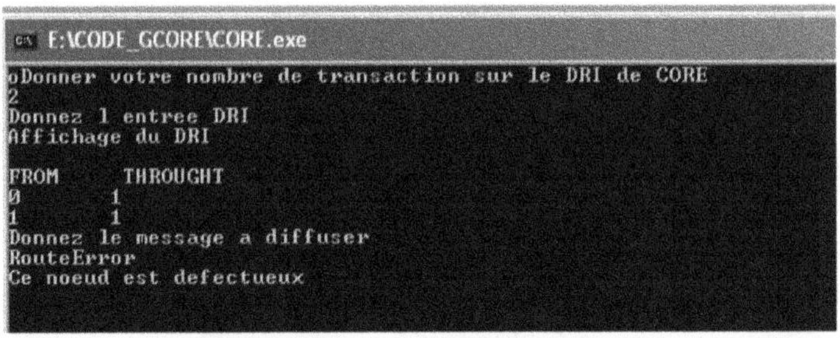

Figure 6. 3 : Attaque Black mail sur CORE

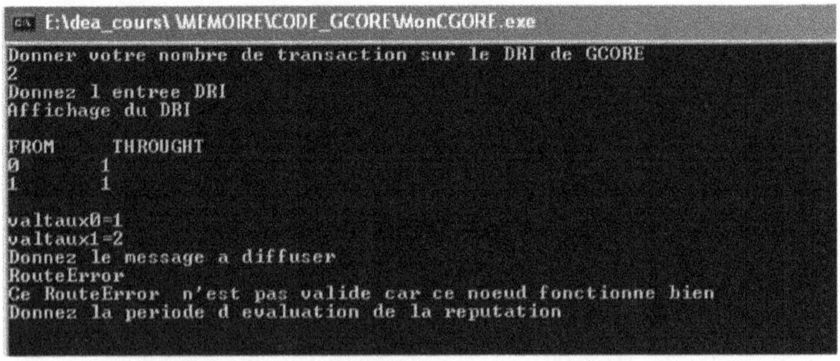

Figure 6. 4 : Attaque Black mail sur XCORE

Ces tests montrent effectivement que si un nœud attaquant tente d'effectuer une attaque Blackmail sur un nœud légitime, cette dernière ne passe pas avec notre modèle (figure 6.3) tandis que sur le modèle existant l'attaque passe (figure 6.4).

2. Attaque Overflow sur CORE et XCORE

Pour tester notre proposition, nous avons donné en entrée le nombre d'itération du DRI, si le taux Taux_Env_Reception du DRI appartient à [0,0] nous déclarons que ce lien est fictif c'est-à-dire entre temps un nœud attaquant a stocké des liens inexistants pour mettre en œuvre l'attaque Overflow.

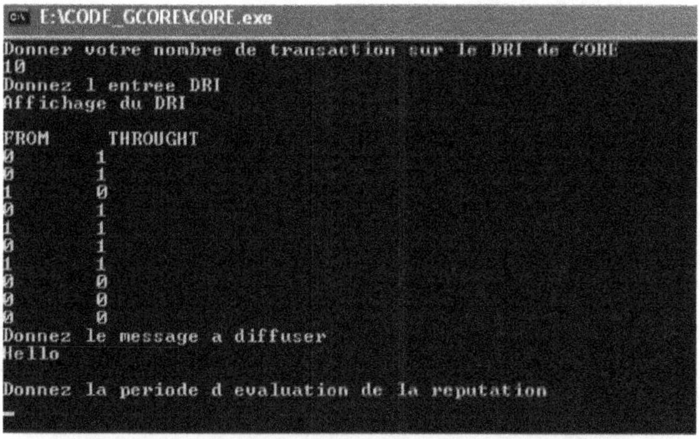

Figure 6. 5 : Attaque Overflow sur CORE

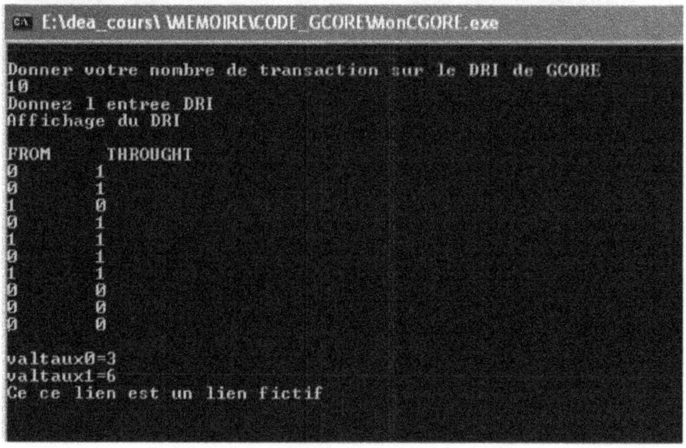

Figure 6. 6 : Attaque Overflow sur XCORE

Les tests ci-dessus démontrent l'attaque Overflow effectuée par un nœud attaquant qui stocké des liens qui n'existent plus. L'attaque est contrée par le modèle de XCORE (figure 6.6) alors que cette attaque passe dans CORE (figure 6.5).

3. Attaque Selfish sur CORE et XCORE

Ce test nous permet de voir si un nœud est égoïste ou non. Cela se base sur l'évaluation de sa réputation. Un nœud peut recevoir un faux message de « route error » et il va supprimer ce lien dans sa table alors que ce nœud fonctionnement correctement. Si nous recevons un message nous évaluons si c'est valide ou non et si c'est valide, nous évaluons maintenant la réputation. Si la réputation est ≤0 nous considérons que ce nœud est un nœud de déni de service (un nœud Selfish) sinon nous déclarons que ce nœud est un nœud coopérant.

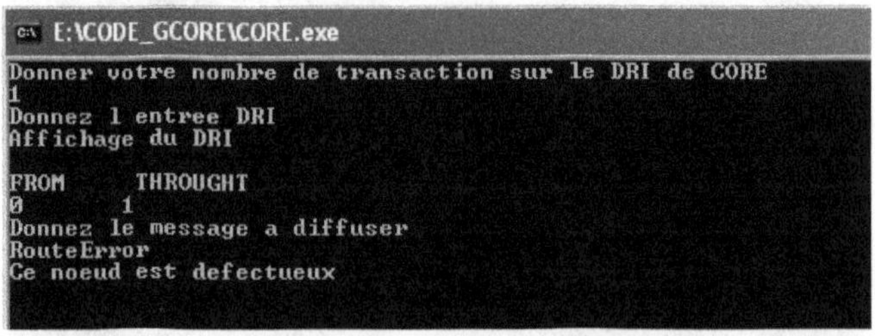

Figure 6. 7 : Attaque Selfish sur CORE

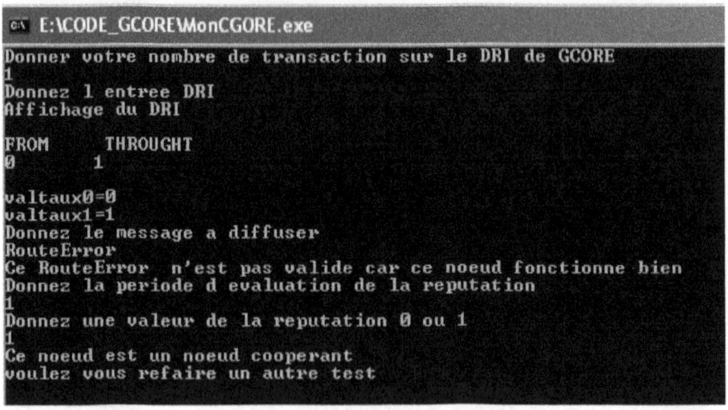

Figure 6. 8 : Attaque Selfish sur XCORE

Ces tests montrent que si un nœud attaquant tente d'éliminer un nœud légitime c'est-à-dire un nœud qui coopère pour le bon fonctionnement du réseau, cette attaque est détectée dans XCORE (figure 6.8) en évaluant sa réputation alors que CORE (figure 6.7) laisse passer cette attaque.

Conclusion

Dans cette partie nous avons procédé à une simulation de certaines attaques comme la non coopération, sleep deprivation, Blackhole, saturation de la bande passante. Nous avons proposé un modèle mathématique qui peut être utilisé pour évaluer les attaques. Nous avons fait des études comparatives sur les différents logiciels de simulation utilisés afin de pouvoir évaluer l'impact des attaques dans ce type de réseau. De plus nous avons présenté le mode de fonctionnement de CORE et avons dégagé quelques unes de ces vulnérabilités. Ensuite nous avons proposé un nouvel algorithme qui améliore le fonctionnement de base de CORE et que nous avons nommé XCORE. Cet algorithme permet de résister aux attaques Blackhole coopérative, Black mail, Overflow, Selfish. En raison de l'absence de simulateurs qui prennent en compte ce protocole CORE, nous avons implémenté nous même CORE et XCORE dans Dev-C++ en vue de procéder à des tests comparatifs. Ces tests ont permis de montrer que les attaques précitées ne passent plus avec XCORE ce qui valide notre architecture.

CONCLUSION GENERALE

Les réseaux mobiles Ad Hoc présentent de nombreuses vulnérabilités du fait de leurs caractéristiques variées comme l'absence d'infrastructures préexistantes et de toute administration centralisée mais aussi de la nature du média utilisé qui est l'onde électromagnétique. En s'appuyant sur ces faiblesses, l'attaquant peut lancer un ensemble d'attaques afin de collecter des informations importantes mais aussi de pénétrer un système réseau.

Dans notre mémoire, nous avons fait, dans la première partie une revue sur les réseaux mobiles sans fil, dans la deuxième partie une étude générale des réseaux mobiles ad hoc. Nous avons consacré notre troisième partie sur une analyse des attaques DoS dans les MANETs. Notre travail se termine par une simulation de certaines de ces attaques grâce à notre modèle mathématique que nous avons proposé, au logiciel ns2 et aussi la théorie des jeux et enfin une solution pour contrer certaines de ces attaques comme Blackhole coopérative, Black mail, Overflow, Selfish a été proposée et implémentée sur un compilateur de C qui est Dev-C++.

A l'issu de notre travail nous avons obtenu les résultats suivants:

- nous avons présenté les nombreuses technologies sans fil standardisées et nous les avons caractérisées ;
- nous avons présenté les spécificités des réseaux mobiles ad hoc ainsi que les problèmes de sécurisation des protocoles de routage dans ces types de réseau ;
- nous avons défini la notion de DoS ainsi que ses différents types. Nous avons présenté plusieurs variantes d'attaques DoS rencontrées dans les MANETs, leur mode de fonctionnement ainsi les mécanismes utilisés et les protocoles qui les implémentent pour contrer ces attaques ;
- nous avons procédé à une simulation de certaines attaques comme la non coopération, sleep deprivation, Blackhole, saturation de la bande passante et nous avons proposé des modèles mathématiques ;
- nous avons analysé le mode de fonctionnement de CORE et avons dégagé quelques unes de ses vulnérabilités, puis nous avons proposé un nouvel algorithme de fonctionnement, nommé XCORE, qui améliore le CORE de base. Cet algorithme permet de résister aux attaques Blackhole coopérative, Black mail, Overflow, Selfish ;

- nous avons implémenté CORE et XCORE dans Dev-C++ en vue de procéder à des tests comparatifs et ces tests ont permis de montrer que les attaques précitées ne passent plus avec XCORE ce qui valide la solution proposée.

Faute de simulateurs qui prennent en compte le protocole CORE nous n'avons pu faire les tests de notre proposition sur un logiciel.

Nous aimerions dans nos études de thèse implémenter notre proposition dans un environnement réel afin de pouvoir effectuer des tests comparatifs avec l'architecture existante et de faire une optimisation de notre proposition.

VI Références

[01]: Hu Lingxuan et Evans David: Using Directional Antennas to Prevent Wormhole Attacks. University of Virginia, California, USA. February 2004, pages 11.

[02]: Wiley John: SEURITY for WIRELESS AD HOC NETWORKS. Eyrolles, livre 2007, pages 247.

[03]: Ramaswamy Sanjay, Fu Huirong, Sreekantaradhya Manohar, Dixon John and Nygard Kendall: Prevention of Cooperative Black Hole Attack in Wireless Ad Hoc Networks. Department of Computer Science, IACC 258 North Dakota State University, Fargo, ND 58105, Mars 2003, pages 7.

[04]: Hu Yih-Chun, Perrig Adrian, Johnson David B.: Packet Leashes: A Defense against Wormhole Attacks in Wireless Networks, INFOCOM 2003, pages 11

[05]: Choi Heesook, McDaniel Patrick, La Porta Thomas F.: Privacy Preserving Communication in MANETs. Department of Computer Science and Engineering the Pennsylvania State University, Mars 2007, pages 10.

[06]: Michiardi Pietro and Molva Refik: CORE: A Collaborative Reputation Mechanism to enforce node cooperation in Mobile Ad hoc Networks. European Wireless Conference, Nonvembre 2003, pages 15.

[07]: Pietro Michiardi : Coopération dans les réseaux ad hoc : Application de la théorie des jeux et de l'évolution dans le cadre d'observabilité imparfaite. Institut Eurecom 2229, route des Cretes BP 19306904 Sophia-Antipolis, France, Juillet 2006, pages 17

[08]: Hu Jiangyi: Cooperation in Mobile Ad Hoc Networks. Computer Science Department Florida State University, January 11, 2005, pages 23.

[09]: Buttyan Levente and Hubaux Jean-Pierre: Nuglets: a virtual Currency to Stimule Cooperation in Self-Organized Mobile Ad Hoc Networks. Institute for Computer Communications and Applications Department of Communication Systems Swiss Federal Institute of Technology Lausanne, 18 January 2001, pages 15.

[10]: Hu Yih-Chun, Perrig Adrian, Johnson David B.: Rushing Attacks and Defense in Wireless Ad Hoc Network Routing Protocols. Center for Computer and Communications Security at Carnegie Mellon under grant DAAD19-02-1-0389 from the Army Research Office, September 2003, pages 11.

[11]: Idoudi Hanen, Akkari Wafa, Belghith Abdelfatteh, Molnar Miklos: Alternance synchrone pour la conservation d'energie dans les réseaux mobiles ad hoc. IRISA, Centre Universitaire de Beaulieu-35042 Rennes CEDEX-France, Novembre 2006, pages 46.

[12]: Yi Ping, Dai Zhoulin, Zhang Shiyong, Zhong Yiping: A New Routing Attack in Mobile Ad Hoc Network. Department of Computing and Information Technology, Fudan University, Shanghai, 200433, China, June 2005, pages 12.

[13]: Mohapatra Prasant: Wireless Mesh Networks. Department of Computer Science University of California, Decembre 2006, pages 170.

[14]: Peron Mathias : TCP et reseaux ad hoc l'evitement de la congestion, Rapport de stage MIM2 – 2004, Ecole Normale Supérieure de LYON, pages 35.

[15]: Liu Jian, Singh Suresh: ATCP: TCP for Mobile AD Hoc Networks. CS 510 Internet Routing, April 2003, pages 20.

[16]: ADJIDO Idjiwa, BENAMARA Radhouane, BENZIMRA Rebecca, GIRAUD Laurent: Protocole de routage ad hoc sécurisé dans une architecture clusterisée. Université Pierre et Marie Curie (Paris VI) Paris, FRANCE, Novembre 2005, pages 4.

[17]: Curtmola Reza. Security of Routing Protocols in Ad Hoc Wireless Networks. 600.647 – Advanced Topics in Wireless Networks, Février 2007, pages 26.

[18]: Burg Adam. Ad hoc network specific attacks. Seminar Ad hoc networking Technische Universität München, Novembre 2003, pages 12.

[19]: Yan Zheng, Zhang Peng, Virtanen Teemupekka. Trust Evaluation Based Security Solution in Ad Hoc Networks. Helsinki University of Technology, Finland, Decembre 2003, pages 14.

[20]: Bing Wu, Jianmin Chen, Jie Wu, Mihaela Cardei. A Survey of Attacks and Countermeasures in Mobile Ad Hoc Networks. Department of Computer Science and Engineering Florida Atlantic University, Decembre 2005

[21]: Aad Imad, Hubaux Jean-Pierre, Knightly Edward W. Impact of Denial of Service Attacks on Ad Hoc Networks. DoCoMo Euro-Labs EPFL Rice University Munich, Germany Lausanne, Switzerland Houston, TX, Juillet 2007, pages 14.

[22]: Chen Ruiliang, Snow Michael, Park Jung-Min, M. Refaei Tamer, Eltoweissy Mohamed. Defense against Routing Disruption Denial-of-Service Attacks in Mobile Ad Hoc Networks. Department of Electrical and Computer Engineering Virginia Polytechnic Institute and State University Blacksburg, VA, USA, Novembre 2005, pages 15.

[23]: Xue Xiaoyun. Security mechanisms for ad hoc routing protocols. Computer Science and Network Department , ENST, thesis September 2006, pages 234.

[24]: DUTREIGE Jonathan et TIMMERMANS Thomas. TER Ad HOC. Université Claude Bernard Lyon 1 Département informatique, December 2006, pages 21.

[25]: BADACHE Dr. Nadjib et LEMLOUMA Tayeb. Le Routage dans les Réseaux Mobiles Ad Hoc. Université des Sciences et de la Technologie Houari Boumèdiene Institut d'Informatique, Novembre 2001, pages 23.

[26] : DAVID Sébastien et MOCCI Christophe. TER Ad Hoc. UCLB, Décembre 2005, pages 26

[27] : Riguidel Michel .Sécurité Bluetooth. Rapport : la Sécurité dans Bluetooth^{TM}, SECUR, Mai 2005, pages 7.

[28]: JYR - DI. Réseaux sans fil. Polytech'Tours, Juillet 2006, pages 18.

[29] : Guide technologique des réseaux locaux sans fil. Cisco Systems, Octobre 2002, pages 8.

[30] : Dhoutaut Dominique. Etude du Standard IEEE 802.11 dans le cadre des réseaux ad hoc : de la simulation à l'experimentation. L'Institut National des Sciences Appliquées de LYON, Janvier 2005, pages 152.

[31] : Konaté. Cours de Sécurité et Réseaux, 2007

[32] : Lohier Stephane, Present Dominique. Transmissions et réseaux ; Dunod, livre Paris 2003, pages 300.

[33] : BRASSAC Anne, DARRIEULAT Maya, HADJISTRATIS Emmanuel, ROUSSE David. Les réseaux sans fil. Université Paul Sabatier Université Sciences Sociales Toulouse ; Janvier 2004, pages 129.

[34] : Diou Camille. Bluetooth PAN : les réseaux Personnels et Bluetooth. Université de METZ ; Mai 2003, pages 88.

[35] : HiperLAN ; Avril 2002, pages 5.

[36] : Debbah Mérouane. Introduction aux principes de l'OFDM (Orthogonal Frequency Division Multiplexing). Mobile Communications Group, Institut Eurecom, 2229 Route des Cretes B.P. 193, 06904 SOPHIA ANTIPOLIS CEDEX, France ; Mars 2005, pages 26

[37] : FOURTY Nicolas. ETUDE DE LA METHODE D'ETALEMENT OFDMA SUR UN WMAN. Laboratoire de Recherche ICARE – EA 30501, Place Georges Brassens – BP 60073 – 31703 Blagnac Cedex, Mars 2007, pages 6

[38] : Caruso Xavier. Théorie des jeux. Librement inspiré du cours d'Ivar Ekeland ; Avril 2004, pages 8.

[39] : Penard Thierry. La Théorie des jeux et les outils d'analyse des comportements Stratégiques.Université de RENNE 1, CREM; octobre 2004, pages 38.

[40] : Thisse Jacques François. THEORIE DES JEUX : UNE INTRODUCTION. Recherches Economiques de Louvain, vol. 36, 21-37, 1970 ; octobre 2003. , pages 62.

[41] : Li Qun, Aslam Javed, Rus Daniela. Online Poweraware Routing in Wireless Adhoc Networks; NH 03755;

[42]: Jharna Chokhawala and Albert Mo Kim Cheng. Optimizing Power Aware Routing in Mobile Ad Hoc Networks; Mai 2004

[43]: Aad Imad, Hubaux Jean-Pierre, Knightly Edward W. Denial of Service Resilience in Ad Hoc Networks; *MobiCom'04*, Sept. 26Oct. 1, 2004, Philadelphia, Pennsylvania, USA, pages 14.

[44]: Yau Po Wah and Mitchell Chris J. Security Vulnerabilities in Ad Hoc Networks. Mobile VCE Research Group Information Security Group Royal Holloway, University of London Egham, Surrey TW20 0EX, UK; Mai 2003, pages 6.

[45]: Martin Antonio. A Platform Independent Risk Analysis for Mobile Ad hoc Networks. Boston University Conference on Information Assurance and Cyber Security; Janvier 2007, pages 18.

[46]: Li Wenjia and Joshi Anupam. Security Issues in Mobile Ad Hoc Networks - A Survey. Department of Computer Science and Electrical Engineering University of Maryland, Baltimore County; Mai 2006, pages 23.

[47]: Gianni A. Di Caro. Analysis of simulation environments for mobile ad hoc networks. IDSIA / USI-SUPSI Dalle Molle Institute for Artificial Intelligence Galleria 2, 6928 Manno, Switzerland; Décembre 2003, pages 30.

[48]: Becker Markus. Simulation Tool Comparison Matrix, CRUISE IST Project; Novembre 2007, pages 20.

Annexe A : Implémentation du modèle analytique des attaques overflow, Black mail, Cooperative BlackHole sur C

```c
#include <stdio.h>
#include <stdlib.h>
#include <conio.h>
#include <math.h>
#include <string.h>
/* Modele analytique pour calculer le Debit en presence des neouds malicieux dans le resaux */

int main()
{     int i=0;
      int j;
      float N, a;
      int h,n;
      float P,Debit;
      float Etl=10,Eto=0,Tdiag=2,Trl=2,Trr=1; //Temps en Secondes
      char reponse;
      N= (float)(RAND_MAX+1)/1000 ;
    printf("taille reseau=%.0f\n",N);
    printf("Donnez le nombre de saut\n");// Pour le nombre de saut traversé pour atteindre la route
    scanf("%d",&h);
     printf("Donnez le nombre de tentative pour trouver une route sans nœud malicieux\n");
    scanf("%d", &n);  //nombre de tentative avant de trouver un chemin valide

    do

    { Eto=Tdiag+Trl+Trr;
      printf("\n");

        a=(float)(rand()/1000);
        P= (float)(a/N); //Probabilité pour q'un nœud attaquant soit choisi
        printf("P%d=%.2lf\n",i,P);
        float b=0,c=0,T=0;
      for(j=1;j<=n;j++)
      { // Temps perdu pour trouver un chemin qui ne contient pas d'attaquant
        b=pow((1-P),h);
        c=pow((1-b),j);
      T=T+j*((Tdiag+Trl+Trr)*c);
        printf("%f\n",T);

        Eto=Eto+T;
        // Eto=Eto+(j*( Tdiag+Trl+Trr)*(pow((1-P),h)*pow((1-pow((1-P),h)),(j-1))));
        }
          printf("%.2f,-------- %.2f\n",b,c);
        printf("Temps perdu=%.0f Sec\n", Eto);
        Debit = Etl/(Etl+Eto); //Debit normalisé
        printf("Debit%i=%.3lf\n",i,Debit);
        printf("voulez vous refaire le test oui(O)ou non\n");
        i++;
        reponse= getche();

      }
        while(reponse=='o');
  getch();
  return 0;
}
```

Annexe B : Implémentation du modèle CORE

```c
#include <stdio.h>
#include <stdlib.h>
#include <conio.h>
#include <math.h>
#include <string.h>
int main()
{
    char message[]= "RouteError";
    char ch[13];
    char reponse;
    int i,j;
    int valDRI,n,T,valRepFinale;
    int DRI[100][2],TapRep[100];
    do
    {
        printf("Donner votre nombre de transaction
sur le DRI de CORE\n");
        scanf("%d", &n);
        printf("Donnez l entree DRI\n");
        for(i=0;i<n;i++)
        {
            for(j=0; j<2; j++)
            {
                //printf("Donnez l entree DRI\n");
                // scanf("%d",&valDRI);
                valDRI=(int)(rand()*2)
/((int)RAND_MAX+1) ;
                DRI[i][j]=valDRI;
            }

        }
        printf("Affichage du DRI\n");
        printf("\nFROM\t THROUGHT\n");
        for(i=0; i<n; i++)
        {
            for(j=0;j<2;j++)
            {
                printf("%d\t",DRI[i][j]);
            }
            printf("\n");
        }
        printf("Donnez le message a diffuser\n");
        scanf("%s",ch);

        if(strcmp(ch,message)==0) //Pour faire des tests
sut la validité du méssage RouteError
        {
            printf("Ce nœud est defectueux\n");
            getch();
            exit(0);
        }
        printf("\nDonnez la periode d evaluation
de la reputation\n");
        scanf("%d", &T);// la période pour
observer le neoud avant evaluation
        int rep=0;
        printf("Donnez une valeur de la
reputation 0 ou 1\n");
        for(i=0;i<T;i++)
        {
            //printf("Donnez une valeur de la
reputation 0 ou 1\n");
            // scanf("%d", &rep);
            rep=(int)(rand()*2)
/((int)RAND_MAX+1) ;
            TapRep[i]= rep; // Pour des valeurs
aléatoires de réputation
        }
        rep=0;
        for(i=0;i<T;i++)
        {
            rep+=TapRep[i];
        }
        printf("%d\n",rep);
        if(rep/T>0) //evaluation de la reputation
            printf("Ce nœud est un nœud
cooperant\n");
        else
            printf("Ce nœud est un nœud de deni de
service\n");
        printf("voulez vous refaire un autre
test\n");
        reponse= getche();
    }
    while(reponse=='o');
    getch();
    return 0;
}
```

Annexe C : Implémentation du modèle XCORE

```c
#include <stdio.h>
#include <stdlib.h>
#include <math.h>
#include <conio.h>
#include <string.h>
int main()
{ char reponse;
char message[]= "RouteError";
char ch[13];

  int i,j;
  int valtaux,valDRI,n,T,valRepFinale;
  int DRI[100][2],Taux_env_recept[2],TapRep[100],Cte[]={0,0} ;

  do
  {
  printf("\nDonner votre nombre de transaction sur le DRI de XCORE\n");
  scanf("%d", &n);
  printf("Donnez l entree DRI\n");
     for(i=0;i<n;i++)
     {
     for(j=0; j<2; j++)
     {
     //printf("Donnez l entree DRI\n");
     // scanf("%d",&valDRI);
     valDRI=(int)(rand()*2) /((int)RAND_MAX+1) ;
     DRI[i][j]=valDRI; // initialisation au hasard du DRI
     }

     }
     printf("Affichage du DRI\n");
     printf("\nFROM\t THROUGHT\n");
     for(i=0; i<n; i++)
     {
     for(j=0;j<2;j++)
     {
       printf("%d\t",DRI[i][j]);
       }
       printf("\n");
       }
       printf("\n");
     int nb= 0;
     for(j=0; j<2; j++)
     {valtaux=0;
       for(i=0;i<n;i++)
       {
       valtaux=valtaux+DRI[i][j];
       }
       printf("valtaux%d=%d\n",j,valtaux);
       Taux_env_recept[nb]=(int)((float)valtaux/n);
       nb=nb+1;
     }
       //Tester pour voir si ce nœud est fictif
       if(( Taux_env_recept[0]==Cte[0])&&( Taux_env_recept[1]==Cte[1]))
       {
       printf("Ce ce lien est un lien fictif\n");
       getch();
```

```
exit(0);
}
printf("Donnez le message a diffuser\n");
scanf("%s",ch);
if(strcmp(ch,message)==0) //Pour faire des tests sut la validité du méssage RouteError
{if(( Taux_env_recept[0]==Cte[0])&&( Taux_env_recept[1]==Cte[1]))
{
printf("Ce nœud est defectueux\n");
getch();
exit(0);
}
else
printf("Ce %s  n'est pas valide car ce nœud fonctionne bien \n",message);
}

    printf("Donnez la periode d evaluation de la reputation\n");
     scanf("%d", &T);// la période pour observer le neoud avant evaluation
     int rep=0;
     printf("Donnez une valeur de la reputation 0 ou 1\n");
   for(i=0;i<T;i++)
   {
   //printf("Donnez une valeur de la reputation 0 ou 1\n");
    // scanf("%d", &rep);
     rep=(int)(rand()*2) /((int)RAND_MAX+1) ;
    TapRep[i]= rep; // Pour des valeurs aléatoires de réputation
   }
   rep=0;
   for(i=0;i<T;i++)
   {
   rep+=TapRep[i];
   }  printf("%d\n",rep);
    if(rep/T>0) //evaluation de la reputation
   printf("Ce nœud est un nœud cooperant\n");
     else
   printf("Ce nœud est un nœud de deni de service\n");
    printf("voulez vous refaire un autre test\n");
   reponse= getche();
   }
    while(reponse=='o');
getch();
return 0;}
```

www.ingramcontent.com/pod-product-compliance
Lightning Source LLC
LaVergne TN
LVHW042342060326
832902LV00006B/326